Teoria das Transformações

CARLOS AMARAL DIAS

Teoria das Transformações

CARLOS AMARAL DIAS

TEORIA DAS TRANSFORMAÇÕES

AUTOR
CARLOS AMARAL DIAS

EDITOR
EDIÇÕES ALMEDINA, SA
Av. Fernão Magalhães, n.º 584, 5.º Andar
3000-174 Coimbra
Tel.: 239 851 904
Fax: 239 851 901
www.almedina.net
editora@almedina.net

PRÉ-IMPRESSÃO | IMPRESSÃO | ACABAMENTO
G.C. – GRÁFICA DE COIMBRA, LDA.
Palheira – Assafarge
3001-453 Coimbra
producao@graficadecoimbra.pt

Janeiro, 2010

DEPÓSITO LEGAL
304218/10

Os dados e as opiniões inseridos na presente publicação
são da exclusiva responsabilidade do(s) seu(s) autor(es).

Toda a reprodução desta obra, por fotocópia ou outro qualquer
processo, sem prévia autorização escrita do Editor, é ilícita
e passível de procedimento judicial contra o infractor.

Biblioteca Nacional de Portugal – Catalogação na Publicação

DIAS, Carlos Amaral, 1946-

Teoria das transformações. – (Psicanálise)
ISBN 978-972-40-4105-6

CDU 159.9

ÍNDICE

História do conceito de transformações em psicanálise 11

Transformação pelo recalcamento/resistência: harmonizar sintoma
e realidade.. 11
Transformação que procura suavizar a relação entre instâncias, perlaborar 16
O específico e invariante da teoria freudiana: historicidade e temporalidade 17
A perda da temporalidade: Klein e o registo da fantasia inconsciente 18
A transformação como epicentro nos modelos psicanalíticos: Bion 21
Lançar uma luz sobre a transformação: o fenómeno transformativo 21
Pool transformativa Beta-Alfa e o verdadeiro Conhecimento........... 23
Ser e realidade vs transformar, pensar e não-ser
(sistema cogitativo bioniano).................................. 24
Transformar é tornar tolerável à consciência...................... 26
Identificação ou Desidentificação?............................. 27
Teoria de campo: ser pensado para poder pensar o impensável 28
A Feiticeira Metapsicológica nos Modelos Bionianos 29

Teoria das transformações na Tabela 31

Tabela: o sentido horizontal ou a usabilidade dos pensamentos........ 32
Tabela: o sentido vertical ou evolutivo........................... 32
Os Elementos Beta: Enunciados falsos e acções 33
Os antipensamentos e o processo da sua transformação............... 34
Elementos alfa ou «sim-mas...» 35
Paradigma dos observatórios ou a tolerância ao sentido de infinito........ 36
Os sonhos na Tabela 37
O Sonho é o lugar onde uma parte da mente acorda................. 38
Para sonhar é preciso digerir o Totem e o Tabu 39
Os desejos nos sonhos de desejo 39

6 TEORIA DAS TRANSFORMAÇÕES

Sonhos como dramatização do mundo psíquico. 40

O uso dado aos sonhos: Evacuar ou transformar? 41

Indagando o Édipo Indagador ou procurando o procurador 41

Castração: o desejo impossível que torna o Outro possível 43

No sonho o desejo insiste mas não existe: ex-iste 44

Sonho e (inter)relação simbólica: digerir ou não gerir o objecto 44

Falha da simbolização: o objecto simbolizador e o objecto deformado 45

A fantasia-acção 46

Personalidade e sistema onírico 47

O sistema onírico para o sujeito da condição desejante (neurose) 47

Sistema mítico-narrativo 48

Para além dos acontecimentos de vida, há a narrativa. 48

O mito pelo sintoma 49

Ressignificação, transformação e interpretação 49

Mito, paixão e senso comum 49

Mitos Públicos e Mitos Privados 51

Efeitos de uma variável desconhecida. 52

Pensar ou ser pensado pelos próprios pensamentos? 53

Penso onde não sou e sou onde não penso 53

Para além do sadismo: ver não é ser 54

Pré-concepções 54

Função à procura de argumento 55

A inveja é o lugar que mais satura a pré-concepção 56

O dogma – alienação do vinculo L. 58

Tocar um pensamento intocável (o pensamento dogmático). 61

Concepção. 61

Conceito 62

Como se transforma e modifica a frustração? 62

Pensar é criar subjectus (subjectivar o objecto); criar uma ausência na presença 63

Fanatismo; patologia da conceptualização 63

Passar do templo à contemplação 64

Teoria dos vínculos: L, H e K 67

A palavra é a morte da coisa 67

O novo vínculo (K) e a reinscrição das emoções na historicidade e temporalidade 68

Navegar para um novo mundo 68

O vínculo para a transformação é o K+ 69

Modelo transformativo: Interpretação L, H e K (sistema mítico-narrativo) 70

ÍNDICE 7

Teoria do Continente-Conteúdo, Vínculos e Transformações 73

Pensar com as emoções, introduzir K em L e H 74

Continente ≠ Conteúdo: pensamento científico 74

Teorização e discussão da Teoria de Transformações a partir de um Estudo de Caso 75

Introdução 75

Apresentação da primeira sessão (Parte I) 75

Transformações em Movimento Rígido, Projectivas e em Alucinose 81

Transformação Projectiva e fobia de pombos 81

Alfa Dreamwork em directo 83

Utilizando a placa giratória 85

Continuação da apresentação da primeira sessão (Parte II) 87

Neologismo e desconstituição simbólica: pessoo 88

Continuação da apresentação da primeira sessão (Parte III) 88

Pensamento totémico (um gigantesco nada) e pensamento de sonho
(medo com propriedade) 89

Mais próximo do Fantasma fundamental, Conjunção Constante
ou Cliché Estereotipado 90

Continuação da apresentação a primeira sessão (Parte IV) 91

Apresentação da segunda sessão (Parte I) 91

Para além da realidade, há um pai que o paciente urge em desconstituir ... 92

Continuação da apresentação da segunda sessão (Parte II) 93

«Ai pode» ou não pode constituir a separação? 95

Continuação da apresentação da segunda sessão (III) 96

A decapitação da capital 97

Interpretação validada pela transformação 97

Continuação da apresentação da segunda sessão (IV) 98

Em nome da mãe 100

Não há homens, nem mulheres; há o masculino-terceiro 100

Não ver porque já foi visto 101

Continuação da apresentação da segunda sessão (Parte V) 101

Criando um objecto psicanalítico modificado; disjunção 102

Interpretações ansiolíticas para o Id. 103

Preparando o terreno 104

Continuação da apresentação da segunda sessão (V) 104

O caos bulímico e a plástica vocal 105

Continuação da apresentação da segunda sessão (VI) 105

Apresentação da terceira sessão (Parte I) 105

A tragédia da dependência 106

8 Teoria das Transformações

Existirá suicídio «ou» homicídio? 107
Metonímias e bolicausas 107
    Continuação da apresentação da terceira sessão (parte II) 108
Constrói o teu próprio destino, sê veryGOD 109
    Continuação da apresentação da terceira sessão (Parte III) 109
Mais metonímias ou lógica simétrica 112
    Continuação da apresentação da terceira sessão (Parte IV) 113
Mais um desmentido 114
    Continuação da apresentação da terceira sessão (Parte V) 114
Deslizar do significante 114
    Continuação da apresentação da terceira sessão (Parte VI) 114
Um duplo ponto de observação 115
    Continuação da Apresentação da terceira sessão (Parte VII) 116
Ser homossexual ou neo-sexual? 116
    Continuação da apresentação da terceira sessão (Parte VIII) 117
Conclusão: devolução de modo transformado 118

ÍNDICE DE FIGURAS E TABELAS

Figura 1: A produção do Inconsciente 25
Figura 2: A Pool Beta-Alfa 25
Tabela 1 – A Tabela de Bion (Versão Modificada) 31
Tabela 2 – Elementos Beta 32
Tabela 3 – Elementos Alfa 35
Tabela 4 – Sistema Onírico 37
Tabela 5 – Pré-Concepções 54

O AUTOR

Carlos Amaral Dias, Médico, Psiquiatra, Psicanalista e Psicodramatista. Professor Catedrático aposentado da Universidade de Coimbra, Director do Instituto Superior Miguel Torga e Professor Catedrático convidado do ICBAS, Universidade do Porto, é Presidente da Comissão de Ensino e Membro Fundador da Associação Portuguesa Psicanálise e Psicoterapia Psicanalítica.

Colabora há longos anos em vários órgãos da comunicação social, mantendo actualmente um programa da rádio na Antena 1 "Alma Nostra".

Ensinou também em outras Universidades nacionais e internacionais, tendo proferido conferências e seminários em vários países europeus e nos Estados Unidos.

Autor de mais de duas dezenas de livros, tem publicadas nesta Editora as obras "Modelos da Interpretação em Psicanálise" e "Carne e Lugar".

HISTÓRIA DO CONCEITO DE TRANSFORMAÇÕES EM PSICANÁLISE

Em primeiro lugar, a origem etimológica do verbo transformar permite constatar que *transformar* não significa simplesmente «através de», como é de supor pelo prefixo *trans*. Se transformar em latim significa também «forma ou figura» e *trans* significa uma operação realizada sobre a forma, operação esta que faz com que a forma se torne uma outra coisa, então podemos considerar que transformar (ir para além de), é «ir para além da forma e da figura».

Este é um conceito de extrema importância porque intercepta o campo psicanalítico. Freud utilizou o verbo transformar desde que introduziu a teoria do inconsciente em psicanálise. De facto o critério de cura para Freud, essencial para a compreensão da sua concepção de transformação, implicava a transformação do inconsciente em consciente, ou tornar o inconsciente consciente. Este é um critério harmónico de cura, tal como se constatará em seguida.

Transformação pelo recalcamento/resistência: harmonizar sintoma e realidade

Esta é uma teoria harmónica porque, como se verifica pela leitura e compreensão do texto de 1908 intitulado «A Moral Sexual Civilizado e Doenças Nervosas dos Nossos Tempos»[1], na primeira tópica, Freud relacionava as instâncias com a realidade externa e postulava que a cura psicanalítica deveria harmonizar o sujeito radical do inconsciente e o sujeito do consciente, sendo

---

[1] FREUD, S.. (1908). *Moral sexual civilizada e doença nervosa moderna*. In Obras psicológicas completas de Sigmund Freud (SBS). Rio de Janeiro: Imago, 1996.

12 TEORIA DAS TRANSFORMAÇÕES

este último o lugar potencial da harmonização com a realidade. A ausência desta harmonia seria então precisamente aquilo que provocaria e organizaria o sintoma. Na primeira tópica o sintoma está à mercê das transformações que se realizam pelo processo de cura analítica, que se caracterizam pelo surgimento no consciente de material do inconsciente, que desta forma permitia que esse material se adequasse à instância (o consciente) de maneira a que o sintoma pudesse desaparecer. O objectivo da cura analítica seria assim o de recriar uma harmonia entre o sintoma e a realidade. Esta ideia básica é visível em todas as obras escritas após 1895 (a partir do texto "Estudos sobre a histeria"[2]), sobretudo no capítulo VII da obra sobre os sonhos[3]. Aliás Freud considerava o sonho uma via real para o inconsciente. Na minha opinião esta ideia está invertida, o sonho é a via real para o consciente, ou seja, a via que o inconsciente abre para se exprimir.

Das instâncias que Freud concebeu na primeira tópica (o sistema da percepção-consciência, o sistema do pré-consciente e o sistema do inconsciente), ele considerava que havia uma barreira muito mais forte entre o sistema do pré-consciente e o consciente. Acresce que associava o problema do inconsciente e consciente a um conjunto de ideias acerca do seu processo de funcionamento. Nomeadamente a existência de um processo primário (uma representação sem ligação, representação pela imagem e ainda a ausência de articulação das representações entre si), e, por oposição, um processo secundário no qual concebia uma articulação entre representações que era dominado pela palavra. Esta diferenciação entre a palavra e a *coisa* fazia com que a *coisa* fosse um marcador do sistema inconsciente. Por seu lado, a relação à palavra (Freud utilizou o termo *vorts*, que significa palavra, significando *vorstellung* a representação pela palavra) era algo que pertencia ao domínio do pré-consciente e do inconsciente. A censura que se estabelecia entre o pré-consciente e o consciente era muito mais frágil (no bom sentido do termo) daquela que se estabelecia entre o inconsciente e o pré-consciente (mais resistente).

Habitualmente figuro esta concepção através de uma espécie de fronteira. A censura entre o pré-consciente e o consciente é da ordem do intermitente, a mais frágil, uma espécie de fronteira quebrada, e a censura entre o inconsciente e o pré-consciente, a mais resistente, é uma fronteira fechada.

Quando estudamos a primeira tópica torna-se evidente que o conceito de transformar (ir para além da forma e da figura) se realizava através da operação da censura. Esta é uma teoria harmónica porque a sua mais impor-

---

[2] FREUD, S. (1893-1895). *Estudos sobre a Histeria* (Josef Breuer e Sigmund Freud) In Obras psicológicascompletas de Sigmund Freud (SBS). Rio de Janeiro: Imago, 1996.

[3] FREUD, S. (1900). *A interpretação dos sonhos*. In Obras psicológicas completas de Sigmund Freud (SBS). Rio de Janeiro: Imago, 1996.

tante suposição é que aquilo que do sistema inconsciente se torna consciente, modifica a relação do sujeito com o sintoma – fazendo-o desaparecer -porque a angústia resultava do conflito entre aquilo que estava no inconsciente e aquilo que estava no consciente.

A conceptualização desta passagem, ou melhor, desta transformação do inconsciente em consciente levanta muitos problemas quando se pensa nas três instâncias: inconsciente, pré-consciente e consciente. Porque se a fronteira entre o préconsciente e o consciente é uma fronteira ténue e dominada em ambas as instâncias pela representação pela palavra e pelo processo secundário (ou seja, a articulação entre representações), a fronteira entre o inconsciente e o pré-consciente-consciente é uma fronteira rígida, onde predomina o funcionamento em processo primário, ou seja, nem existem articulações, nem representações. Existe sim uma pura tendência para a descarga. Então o problema está na passagem desta representação pela imagem (em processo primário) para representação pela palavra que dominava, tal como tenho vindo a dizer, o sistema do pré-consciente e consciente.

Assim, a questão epistemológica que se pode levantar refere-se ao como é que uma fronteira tão cerrada (a barreira entre o inconsciente e os outros dois sistemas) pode permitir o acesso àquilo que era radicalmente inconsciente. Ora o inconsciente para «o Freud da primeira tópica» organiza-se numa linha que vai do sistema pré-consciente aos confins somato-psíquicos, ou seja ao lugar onde se interliga o sujeito biológico e o sujeito potencialmente pensante (o sujeito reflexivo que é o sujeito da espécie humana). É de não esquecer que o inato localiza-se no confim somato-psíquico e o inconsciente era aquilo que resultava de algo que tinha sido consciente mas que, ao não ter sido tolerado pela consciência, tinha sido objecto de uma repressão ou de recalcamento de modo a se tornar inconsciente.

A natureza do inconsciente nesta tópica é muito clara. Como é que se pode então ter acesso ao inconsciente se há uma fronteira radical entre o inconsciente e o préconsciente? Como é que uma coisa passa para outra? Passa através dos derivados do inconsciente. E como é que se criam estes derivados? As ideias que sofreram o processo de repressão passam para o sistema inconsciente pela sua intolerabilidade, mas deixam no sistema percepção-consciente os derivados; derivados do inconsciente. Ora estes derivados são todas as organizações pela palavra (representações pela palavra), que se articularam como material reprimido e que aparecem na consciência.

Os derivados são assim aquilo que permite a articulação entre uma coisa e outra através da cura analítica. Esta articulação comporta um conjunto de outros conceitos que iremos ver em seguida. Mas como é que uma coisa se transformava noutra? É de não esquecer que nesta transformação residia a ideia de cura em Freud na altura – transformar o inconsciente em consciente, ou seja, tomada de consciência (primeira tópica).

14 Teoria das Transformações

Esta tomada de consciência fazia-se através da transferência, o que se compreende muito claramente no texto de Freud da «A dinâmica da transferência»[4]. A transferência para Freud era uma resistência e também uma transformação daquilo que se passa na relação terapêutica de forma a tornar consciente o inconsciente. Porque os afectos que se mobilizavam para a figura do psicoterapeuta ou psicanalista eram afectos ligados aos conflitos inconscientes e por isso resistiam a serem tornados conscientes. Porém, estes afectos, eram ao mesmo tempo o próprio motor da cura pois repunham através da relação terapêutica os conflitos infantis que tinham sido reprimidos do consciente. Estes conflitos são reprimidos pela sua insuportabilidade ou pela intolerância do sistema consciente a um determinado tipo de moções pulsionais.

Há uma contradição originária na obra de Freud: como é que é possível que uma ideia com o afecto ligado a essa ideia, que implica a predominância do processo secundário, passe pela repressão para o sistema inconsciente, onde predomina o processo primário, e passe a funcionar de modo desarticulado? E se passa, como é que essa passagem se realiza? Para resolver esta questão é preciso supor um Eu que tenha tido pouco acesso à representação pela palavra e que seja dominado por um sistema imagético.

Na primeira tópica, o critério de cura é o critério da transformação do conflito infantil num conflito vivido no actual, que faz com que Freud refira a passagem da transferência à neurose de transferência. Esta passagem da transferência à neurose de transferência diz respeito à recolocação pelo paciente, na figura do terapeuta ou analista, das suas emoções, das suas vivências que estavam reprimidas na relação com uma ou ambas as figuras parentais, quer fossem amorosas ou hostis, particularmente para com o pai, com a mãe, irmãos, etc. Estas transferências repunham a relação que o sujeito tinha estabelecido num determinado tempo com estas figuras e que tinham sido sujeitas a repressão.

Então a transformação para Freud era algo que se fazia justamente nesta fronteira que caracteriza o processo de resistência, que é resultante da barreira que existe entre o inconsciente e o sistema pré-consciente e consciente e a reposição através destes derivados do sistema percepção-consciência que se articulariam com figura da relação terapêutica actualizados pela transferência.

Esta concepção levanta questões, sobretudo para as pessoas que lidam com crianças, principalmente no que diz respeito à existência de várias «modalidades» de neurose: neurose infantil, neurose da criança e a neurose

---

[4] Freud, S. (1912). *Sobre a dinâmica da transferência*. In Obras psicológicas completas de Sigmund Freud (SBS). Rio de Janeiro: Imago, 1996.

do adulto. E portanto também as diferentes modalidades da sua expressão. No texto sobre «O pequeno Hans»[5], é descrita uma fobia infantil considerada como uma neurose da criança. A neurose da criança já seria aqui uma transformação da neurose infantil, sendo que a neurose infantil era a que repousaria no inconsciente ligado ao conflito entre instâncias psíquicas e que organizaria um núcleo fundamental a partir do qual se organizaria o funcionamento neurótico. Portanto o que se reproduz na neurose de transferência é a neurose infantil pela via da neurose da neurose da criança. É a neurose infantil, radicalmente inconsciente, que é reposta na neurose de transferência. É uma delimitação radical de uma organização que se passa durante a infância que permanece no sujeito do inconsciente e é este que agora se repõe no consciente através da articulação que o processo terapêutico permite através destes dois momentos.

Convém distinguir entre a neurose infantil que é o modelo *princeps* para Freud na primeira tópica, que se baseia essencialmente na modalidade histérica, e a neurose histérica propriamente dita. A neurose infantil obedece à relação do sujeito com amor e morte, isto é, às modalidades edipianas de funcionamento: amar um significa matar o outro e vice-versa. É a relação entre amor e morte que explica a neurose infantil. A plasticidade da neurose infantil é aquilo que organiza a forma idiossincrática, singular, como o sujeito exprime a sua neurose infantil.

É também necessário diferenciar entre a criança e a criança psicanalítica. Muitos referem que a criança psicanalítica é algo ligado à psicopatologia do desenvolvimento – a criança – e a criança psicanalítica, que é aquela que resulta originariamente do modelo histérico que Freud cria e utiliza como fundamento para o desenvolvimento psicossexual da infância. A criança psicanalítica não é a criança, é uma formulação que Freud realiza a partir de um sistema hipotético-dedutivo sobre o mundo infantil do sujeito que é fruto de uma invariante universal – o complexo de Édipo. Já agora a ideia de complexo de Édipo é uma concessão que Freud faz a Jung. Porque complexo era algo que se relacionava com a ideia junguiana de arquétipo. Freud inicialmente referia-se a Édipo. O termo complexo deve-se à complexidade edípica.

Resumindo, a transformação na primeira tópica era a transformação do inconsciente em consciente pela transferência que era simultaneamente resistência a recordar e motor da cura. Era esta transformação que Freud propunha como a transformação necessária à mudança. Para que tal coisa se passasse era preciso que esta transformação desse origem àquilo que se deno-

---

[5] FREUD, S. (1909). *Notas sobre um Caso de Neurose Obsessiva*. In Obras psicológicas completas de Sigmund Freud (SBS). Rio de Janeiro: Imago, 1996.

16 TEORIA DAS TRANSFORMAÇÕES

mina *insight* – um processo de conhecimento que o sujeito faz de si mesmo a partir da diminuição do reprimido, ou do levantamento do reprimido.

Transformação que procura suavizar a relação entre instâncias, perlaborar

Na segunda tópica introduzem-se novas instâncias -Eu, Id e Supereu. Nesta tópica tudo muda, muito embora a primeira tópica não desapareça. Pelo contrário, ela é incluída na segunda tópica como um processo qualitativo (deixando de ser considerado uma instância), independentemente da instância onde se realiza. Por exemplo, o Eu passa a deter qualidades conscientes (percepção que nós temos de nós mesmos), uma qualidade pré-consciente e inconsciente (por exemplo, o Eu não pode tomar consciência de uma defesa, isto é, ele até pode saber que isola o afecto ou que desloca, mas aquilo que é deslocado não é acessível ao consciente). O mesmo se passa com o Supereu: há uma culpa consciente mas também há uma culpa inconsciente que é muito mais importante do ponto de vista do funcionamento mental que a culpa consciente. E também se passa com o Id que, apesar de ser radicalmente a instância onde predomina o sistema inconsciente, torna-se acessível através das instâncias Eu e Supereu. Esta acessibilidade é devida às constelações que se encontram no Eu e no Supereu que são de origem inconsciente e que por isso se aproximam do sistema do Id.

Aquilo que antes parecia ser uma diminuição da resistência entre instâncias («tornar consciente o inconsciente») aparece agora aqui como uma relação entre instâncias. É o conflito entre instâncias, por exemplo o conflito entre o Eu e a realidade, ou o Eu o Supereu, que vai determinar a organização do sintoma. O sintoma é organizado a partir de uma tripartição, o que faz com que a angústia já não seja devida aos conflitos entre inconsciente-consciente. A angústia é a internalização de um perigo que pode advir para o Eu (castração, aniquilamento), a defesa consequente em relação a esse perigo e a consequente organização do sintoma. A defesa é a correlação entre a internalização do perigo e a relação que o Eu mantém com esta angústia que foi internalizada. E o sintoma deixa de ser resultante do conflito entre instâncias, mas resultante da falha da defesa. E serve ao sujeito como forma de se defender da angústia básica que foi internalizada. Por exemplo, a fobia através do deslocamento como no caso do pequeno Hans, em que este não vendo os cavalos não teria medo daqueles. O sintoma permite ao Eu livrar-se da angústia originada pela falha da defesa. O sintoma serve para resolver a angústia. Na neurose obsessiva o ritual serve para fazer desaparecer a angústia. O sintoma é uma tentativa de resolução de uma falha entre a defesa e a angústia pelo aparelho psíquico. O sintoma é uma tentativa de cura.

Esta inovação teórica mudou a técnica psicanalítica. Onde outrora estava a resistência está agora a relação entre instâncias; onde outrora estava o objectivo de tomar consciência de algo, está agora o trabalho do pré-consciente, ou seja, transformar o inconsciente em pré-consciente. E deste modo se compreende porque é que o trabalho do Eu tem como objectivo reformular a relação com a angústia e com a parte inconsciente do Supereu que não é nada mais nada menos que uma angústia. A culpa é resultante de uma relação entre instâncias. O Eu sofre um perigo – o da punição do Supereu – que provoca um sintoma. O sintoma passa a ser uma desarmonia, uma relação falhada. É a desarmonia entre o Supereu, Eu e o Id que provoca o sintoma.

Simplificando, na primeira tópica a relação à sexualidade era a determinante major, mais precisamente, era a transformação da sexualidade reprimida que permitia o processo de cura. Na segunda tópica é a transformação da relação complexa entre a angústia, defesa e sintoma que permite a transformação. Transformação, na segunda tópica, é suavizar a relação entre instâncias. Por exemplo, suavizar o Supereu, de modo a que não puna tanto o Eu; suavizar o Eu de modo a que este seja mais capaz de realizar a sua função sintética que é levar em conta a realidade externa, o Supereu, o Id e o próprio Eu. E esta função sintética do Eu é aquilo que se vai organizando pela via do processo terapêutico. O carácter da cura na segunda tópica é a criação de um sistema que se regula pela sua inter-relação.

Na segunda tópica também há uma alteração da importância da realidade, pois esta realidade agora encontra-se internalizada. E é esta internalização da realidade que organiza a relação entre instâncias. Isto também determina a passagem de um optimismo freudiano sobre o Homem para um pessimismo. Na primeira tópica havia esta possibilidade quase revolucionária de que o tomar consciência mudava o sujeito, na segunda tópica introduz-se o conceito de *perlaboração*, ou seja, é através da elaboração que se pode dar a transformação. Deixa de ser «através de» (tornar o inconsciente em consciente), para ser «ir para além de» (perlaboração, transformação). Na primeira tópica havia uma transformação directa. Na segunda há perlaborar, isto é, há um processo que leva à transformação. Este é o modelo de cura na segunda tópica.

O específico e invariante da teoria freudiana: historicidade e temporalidade

Em ambas as tópicas mantém-se uma invariante essencial – o factor de temporalização. É que quer a natureza da angústia na segunda tópica, quer a

18 Teoria das Transformações

natureza do conflito na primeira, se constitui através de uma mediação histórica. Para Freud há sempre um carácter histórico onde se inscreve a angústia internalizada na segunda tópica, que repõe na relação terapêutica um sistema ternário. É preciso saber acerca de algo que se passa entre a angústia originária e a produção da defesa, é preciso saber algo a propósito *de,* para que o sistema mude e evolua.

Os critérios de cura, quer na primeira quer na segunda tópica, mudam na sua natureza, na forma como se trabalha, mas não mudam a relação entre história e historicidade. Na segunda tópica a angústia internalizada organiza-se sob a forma de historicidade – a permanência no *hoje*, através do sintoma ou da defesa, de algo que foi do *ontem* e é esta permanência do facto da história que organiza a historicidade do sujeito, a história no presente. O presente é a historicidade do passado.

Este critério de temporalização inscreve-se quer na primeira quer na segunda tópica. É um critério fundamental em Freud. Em primeiro lugar porque quando Freud fala da angústia, supõe que a angústia internalizada é uma angústia que começa na angústia primária – *Hilflosigkeit*. Esta é a angústia do desamparo, introdução fundamental de Freud, quando fala do sentimento de desamparo face à dependência. Para ele é a consciência progressiva da dependência que a criança tem da mãe que lhe gera um sentimento de desamparo primordial perante a impossibilidade de a resolver: «se me abandonas eu morro». Mas com o desenvolvimento, a angústia primordial vai ser integrada nas novas potencialidades e por isso é que há historicidade na angústia, que vai desde o «se tu me abandonas eu morro» até ao «se tu me castigas eu sou castrado». Há uma passagem histórica da angústia em função dos momentos que a criança atravessa que depois se repercutem sob a forma de perigo internalizado. Portanto a temporalização é um fenómeno essencial, para ambas as tópicas.

A perda da temporalidade: Klein e o registo da fantasia inconsciente

Com Melanie Klein foi alienado o critério da temporalização. Klein retira-o porque não considera o problema do desamparo. Mais, ela considera a existência de um Eu desde o princípio da vida. Este Eu é capaz de manter relações de objecto na realidade e na fantasia, enquanto que para Freud o Eu era constituído através de uma progressiva separação entre o Id e a realidade (Freud comparava até a formação do Eu a uma tina de água onde havia uma precipitação de poeira que constituiria a formação daquele). Para Klein existia um Eu desde o princípio da vida sendo quer a relação com o objecto, quer a relação com Eu, cindida, clivada. Ou seja, a clivagem que provoca a separação daquilo que Klein denominou de «bom objecto interno» e «mau objecto interno» é também uma clivagem do objecto externo, também ele cindido entre bom e mau. Assim Klein constitui uma relação entre quatro instâncias. O objecto bom era um objecto dominado por um afecto de amor, o objecto mau era dominado por um afecto de ódio. E era a relação entre estes afectos internalizados, ou projectados no exterior ou vindos do exterior, que fundamentou a dinâmica mental para Klein; a ansiedade persecutória que se podia dirigir contra os objectos internos bons ou contra os objectos externos bons, resultando da impossibilidade ou incapacidade do Eu lidar de forma mais adequada com um sistema de projecção-introjecção ainda muito primitivo nesta fase de desenvolvimento mental.

Assim é facilmente compreensível que os critérios de cura deixam de ser históricos e passam a ser essencialmente afectivos. Por isso os grandes critérios de cura são a reparação e a gratidão, conceitos estes que são, mais uma vez, puramente afectivos. Na reparação o sujeito repara os danos que foram produzidos ao objecto bom pelas projecções persecutórias e a gratidão era o predomínio do amor sobre a inveja e sobre o ódio. São critérios sem historicidade e não contemplam a história. A criança psicanalítica para Klein é uma criança constituída por uma relação clivada de duas partes do Eu que se desconhecem uma à outra e duas partes do objecto externo que se desconhecem uma à outra. É a transformação progressiva desta clivagem num objecto integrado, ou que se percepciona como um todo, que permite a passagem da posição esquizo-paranóide à posição depressiva.

Em adulto este processo emerge sob a forma da fantasia inconsciente. O papel primordial que a história ocupava, é substituído pela fantasia inconsciente. Como é inconsciente, está sempre presente na fala e comportamento do sujeito, sendo que o processo analítico, ao «pôr em cima da mesa» estes critérios, impõe uma técnica baseada na ideia de que tudo o que sujeito diz é uma reposição da fantasia inconsciente ligada a estes processos primitivos.

Por exemplo, num dia de chuva o analisando chega e pede desculpa porque está molhado. E pode molhar o divã. Logo, a fantasia inconsciente que está expressa é o urinar no corpo do analista, como outrora o bebé fantasiou que urinou no corpo da mãe.

É uma espécie de «pedra da roseta», que permitiu traduzir do egípcio para o latim. Nesta concepção teórica, podemos considerar que há uma linguagem na fantasia inconsciente – que é a linguagem escrita hieroglífica (do antigo Egipto) – para uma linguagem do consciente que iria, através da interpretação, transformar a fantasia inconsciente numa reposição no aqui-e-agora da sessão analítica, dessa mesma fantasia. Para Klein o que é fundamental é a articulação entre a fantasia inconsciente e a realidade sem considerar o factor da temporalidade, como diacronia histórica.

20 TEORIA DAS TRANSFORMAÇÕES

Susan Isaacs distingue entre fantasia e *phantasia*. A primeira seria a do consciente e a segunda, a do inconsciente. Há um trabalho dela que se chama «a natureza e a função da fantasia»[6]. A natureza da fantasia resulta dos movimentos de projecção/introjecção e é esta fantasia inconsciente que está sempre presente na relação. No texto intitulado «As Origens da Transferência»[7] onde Klein explica o aqui-e-agora permanente, compreende-se que a autora parte do princípio que não há uma neurose infantil que seja transferida, há antes fantasias inconscientes que estão em permanente transferência. O carácter histórico é perdido e aquilo que se apresenta como critérios de cura, são critérios emocionais.

No meu ponto de vista – e sem retirar a importância que Klein teve para a reposição dos afectos no campo da teoria psicanalítica, esta concepção suprime algo fundamental -a neurose infantil. Para ela a neurose infantil é de alguma forma um amontoado de fantasias inconscientes que estão no interior do sujeito humano e que são repostas na relação analítica pelo lugar em que o analista permite este sistema fantasmático emergir.

Primeiro, esta mudança traz consequências a nível da dimensão da cura. Supõese aqui uma espécie de ideal platónico de uma posição depressiva, que é a percepção da realidade enquanto tal, sem que esta realidade seja sujeita à deformação da projecção, fazendo com que o analista esteja condenado a interpretar por essa via. Por exemplo, um analisando meu que tinha um sintoma engraçado na infância, que era o total impedimento de sair de um sítio se nesse sítio estivesse um sapato com sola descolada. Um analista kleiniano interpretaria pela ordem do sadismo oral, ou seja, a bota seria a boca que pode devorar, o que não deixaria de ser em parte verdade. Um analista puramente kleiniano, perante uma invasão de lagostins nos arrozais de um outro paciente, poderia interpretar ao dono desse arrozal (que começa a ver a sua empresa em perigo) um analista «lagostim» que lhe destruía as capacidades alimentares, nutritivas, afectivas, etc., em vez de o viver como uma analista alimentício e nutritivo. Aqui, a realidade da angústia, a ameaça que provém do Real, é alienada na transferência.

Toda a interpretação feita numa análise deste tipo é dominada pela ansiedade paranóide que o analista transforma pelo aqui-e-agora. Tudo o que sujeito afirma é da ordem da fantasia inconsciente actualizada através da palavra.

---

[6] ISAACS, Susan (1948). On the nature and function of phantasy, *International Journal of Psychoanalysis* 29: 73-97; republished (1952) in Melanie Klein, Paula Heimann, Susan Isaacs and Joan Riviere, Developments in Psycho-Analysis. London: Hogarth.

[7] KLEIN, Melanie. (1952). The origins of transference, *International Journal of Psycho--Analysis* 33: 433-8.

Uma outra crítica que tenho colocado à teoria kleiniana é o facto de que os seus critérios emergentes, reparação e gratidão, carecerem de cientificidade. São coisas que se passam no dia-a-dia. Obviamente que uma pessoa que fica grata a outra fica com menos inveja. O sentimento de reparação é natural quando há o sentimento de magoar alguém. Não há neste modelo historicidade, nem conhecimento do conhecimento. Há pura e simplesmente diminuição tendencial da ansiedade paranóide e a possibilidade progressiva de um reconhecimento de uma realidade -que eu considero platónica -, e que faz evoluir o sistema.

Há uma história engraçada de Bion, que foi analisando da Klein. Uma vez cancelou a sessão e passou por lá e viu a luz acesa e constatou que estava lá alguém, ou seja, Klein estaria a receber duas vezes. Mas Bion teve tanto medo da interpretação persecutória que não lhe disse nada.

Estes modelos de transformação, através da modificação da introjecção/projecção em afectos, ou da transformação da angústia através da relação entre instâncias ou ainda através do processo interpretativo (num modelo histórico), são o que domina a Psicanálise até à emergência da obra de Bion.

A transformação como epicentro nos modelos psicanalíticos: Bion

A emergência da obra de Bion modifica completamente o conceito de transformação porque para Bion toda a actividade da mente humana é da ordem da transformação, incluindo naturalmente o próprio processo analítico. Para o fundamentar, Bion vai conceptualizar um sistema transformativo que começa com uma teoria básica da possibilidade da transformação da percepção em elementos minimamente pensáveis, isto é, a transformação de elementos beta em elementos alfa, através da função alfa.

Lançar uma luz sobre a transformação: O fenómeno transformativo

Os elementos Beta são os elementos em si mesmos, são a coisa-em-si, pelo que retoma os modelos kantianos no sentido em que existe a *coisa* e a *luz que se lança sobre a coisa*. A transformação resulta assim de uma operação em que uma função (a função alfa) vai permitir a transformação de um elemento beta em elementos alfa. Os elementos são por ele criados por analogia ao modelo do átomo. O átomo seria «invisível» pelo método de

22   TEORIA DAS TRANSFORMAÇÕES

observação directa. Mas terá de ser presumível para dar conta dos fenómenos que se observam. Por isso os elementos beta e os elementos alfa constituiriam elementos pressupostos no funcionamento psíquico que estariam numa *pool* transformativa permanente entre os elementos beta e os elementos alfa.

É preciso contudo ter em atenção que a função alfa transforma beta em alfa, apenas de forma aparente. Na realidade o que a função alfa faz é uma *pool* beta-alfa. Há uma actividade transformativa (função alfa) que opera permanentemente sobre a percepção. Se não fosse permanente não existiria sistema psíquico que pudesse funcionar, transformando aquilo que vem da realidade em elementos susceptíveis de serem pensados.

A função alfa cria protopensamentos. Enquanto que o prefixo *trans* é «ir para além de» e *per* é «através de», *proto* é primitivo. São esquemas sensório-motores (tal como os definiu Piaget), são rudimentos de pensamentos que não estão ainda articulados num sistema narrativo nem simbólico. São assim uma espécie de protosímbolos, porque o símbolo na verdadeira acepção da palavra é sempre uma concatenação de vários símbolos. Mas no protopensamento estes elementos estão desligados de símbolos, são rudimentos transformativos. Estão subjacentes à actividade mental mas não aparecem na actividade mental a não ser pela interpolação que realizam sobre a organização simbólica. Por exemplo, o acordar de manhã com uma ideia estranha, que poderia ser o recordar-se permanentemente do campanário de uma igreja, tal como me contou um paciente um dia. Esta ideia interferia na actividade dos pensamentos propriamente ditos. Era um protopensamento não transformado em pensamento que interferia na concatenação simbólica. Pela função do analista pode ser transformado num pensamento susceptível de ser pensado, neste exemplo, aquele campanário da igreja tinha a ver com uma aldeia onde tinha estado dois meses, separado precocemente dos pais que tinham ido para o estrangeiro e era algo que ele não tinha condição de pensar, de integrar no sistema narrativo dele próprio.

Isto também acontece com sons, músicas, palavras repetidas, imagens que se vão sucedendo ao longo do dia que o sujeito não sabe onde integrar. Tudo isto são protopensamentos que interferem com o sistema do pensamento. Esta interferência é devida a uma falha da função que organiza a relação entre o protopensamento e o pensamento propriamente dito.

Esta ideia não é estranha a Freud. James Strachey e Alice Strachey traduziram pela palavra *parapraxias*, quando se referiam ao lapso, na obra de 1902, intitulada «A Psicopatologia da Vida Quotidiana»[8], palavra essa que Freud nunca referiu. O seu objectivo era dar uma ideia de cultura à Psica-

---

[8] FREUD, S. (1901). *A Psicopatologia da Vida Quotidiana*. In Obras psicológicas completas de Sigmund Freud (SBS). Rio de Janeiro: Imago, 1996.

nálise. Freud falava de *felaistung* – que se pode traduzir melhor por função falha. É uma falha de uma função que se intromete no processo associativo normal, como por exemplo um lapso. Nessa obra Freud refere-se ao lapso como sendo a emergência de algo inconsciente na forma do consciente. Mas esta função falhada quer dizer que algo passa para a linguagem, interferindo no campo da sequência narrativa (processo secundário).

A intenção de Bion foi partir deste modelo para estudar quer as transformações da função não falha, quer a falha das funções do pensamento. Ele procura entender a função falha e a função com êxito, ligada ao sistema «alfa-beta». Ao construir este modelo recorrendo a uma tabela, ele permite compreender que, quanto mais vamos descendo no sentido horizontal, menos se organiza a *pool* energética de elementos betaalfa. Por exemplo na produção de conceitos, que são sistemas mais abstractos, esta transformação beta-alfa é menos energética e mais abstracta. É por isso que pode haver pessoas muito inteligentes, com grandes capacidades de abstracção, mas que a dado momento desorganizam-se, pois conseguem aceder aos conceitos apenas no lugar em que estão menos energizados e assim mantinham um pseudo-equilíbrio.

Pool transformativa beta-alfa e o verdadeiro conhecimento

Só o sistema beta-alfa permite uma relação de transformação da relação à realidade e uma amplitude do saber sobre a realidade. Num sistema abstracto, a relação à realidade fica interpolada por uma organização abstracta que *desenergiza* o aparelho mental. O que é muito importante para perceber personalidades esquizóides que parecem capazes de fazer algo mas este algo fica muito distante da energização da relação.

O investimento na percepção é aquele que contém energia. A percepção é energética porque a percepção é uma relação primária com o exterior, que transforma algo que vem do exterior em interior. O investimento da percepção é um investimento necessariamente energético porque tem a ver com uma energia causada pelo processo transformativo a que é inevitavelmente sujeita, sendo o elemento Beta aquele que é mais energizado, porque é o elemento mental (ou melhor, protomental) mais ligado à realidade exterior. E portanto esta *pool* transformativa (beta-alfa) é energética por si mesma (transformar implica energia). À medida que a *pool* vai avançando no sistema do pensamento ela vai amortecendo a energia resultante da transformação primária (com a realidade).

Resumindo, a *pool* é energética por isso mesmo, porque vem do exterior; é uma relação energética porque a relação à percepção é uma relação pri-

24   Teoria das Transformações

mária com o exterior. E é uma *pool* permanente que, à medida que vai progredindo na evolução do pensamento, vai ficando menos energizada. Uma personalidade esquizóide, como não tem esta energização, a partir de um certo momento, divide bem a relação com a energização da *pool* beta-alfa para um elemento mais abstracto, à custa do amortecimento da energia, mas sem transformação.

Pelo contrário, o sistema transformativo e criativo resulta desta *pool*. Quanto mais esta *pool* trabalha na produção de protopensamentos, maior é o número de pensamentos que se podem produzir em relação à realidade. A diferença que se estabelece remete para a existência de uma *pool* transformadora beta-alfa, que origina um sistema criativo, ou para o amortecimento desta *pool* beta-alfa, que é um sistema mais acumulativo que criativo. É mais uma acumulação de saberes do que uma capacidade de transformar saberes e criar ainda novos saberes.

Neste sistema, *saber acerca de é não saber acerca de*. É esta permanente passagem entre o *saber acerca de* e *não saber acerca de* que faz com que o sistema energético primário aumente os saberes que estão à disposição do sujeito para serem pensados.

Perante a compreensão desta primeira transformação, levanta-se um problema epistemológico. Enquanto que para Freud o sistema é um sistema histórico e para Klein é um sistema afectivo, Bion, com a sua teoria das transformações, introduz na psicanálise um sistema cognitivo ou, utilizando uma designação mais adequada, um sistema *cogitativo*.

Ser e realidade vs transformar, pensar e não-ser (sistema cogitativo bioniano)

Bion considera-o um sistema cogitativo justamente pela relação com o *cogito*. É isso também que permite que o psicanalista inverta permanentemente o *cogito ergo sum* («penso, logo existo») proposto por Descartes, que passa a ser concebido assim: «penso onde não existo e existo onde não penso». A relação do ser com a realidade é um lugar em que o sujeito não pensa a realidade. Esta mudança entre uma coisa e outra é o que permite a área transformativa entre o «sujeito que pensa» e o «sujeito que não pensa», entre «o sujeito que é» e «o sujeito que não é». Para ele o inconsciente é algo que não existe. É algo que é permanentemente produzido, através função alfa entre a realidade externa e a realidade interna.

Esta permanente produção do inconsciente implica também uma permanente produção no consciente, que se processa sob e pela forma de barreira. Há uma barreira onde um sistema *alfa-beta* (ou seja o que está consciente e o que permanece radicalmente inconsciente) se faz numa expressão matemática potenciada a n.

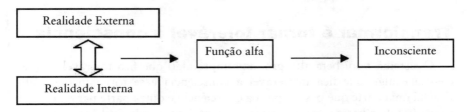

FIGURA 1: *A produção do inconsciente*

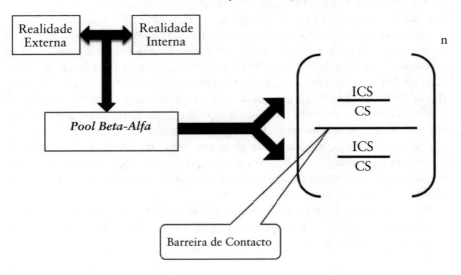

FIGURA 2: *A pool beta-alfa*

Tudo o que contacta connosco (advindo da realidade) é consciente e inconsciente. É consciente tudo aquilo que o sujeito pode transformar e é inconsciente tudo aquilo que não pode ser objecto de actividade transformativa. A ideia de consciência para Bion é muito menos da instância e muito mais filosófica. O conceito de consciente para Bion é ser consciente de algo. É uma ideia de consciência algures entre o campo de pensamento analítico e o campo de pensamento filosófico. Quanto mais ampliamos a nossa consciência de algo, mais conseguimos a mudança, a transformação.

Algo entra em contacto connosco. Uma parte desse algo fica consciente, outra parte desse algo fica inconsciente. Esta parte inconsciente é aquela que interessa o analista, porque é a parte do sujeito não transformada na relação com a consciência e irá permanecer com uma imperiosa necessidade de transformação. É por isso é que é uma *pool*[9].

Transformar é tornar tolerável à consciência

O sistema *pool* beta-alfa produz sempre algo que fica tolerável à consciência e algo que fica intolerável à consciência e se torna inconsciente. E se há uma parte que passou para a consciência e outra parte para o inconsciente (sendo a parte que passa para o inconsciente intolerável à consciência), aquilo que o analista deve fazer é tornar tolerável à consciência aquilo que era intolerável e por isso mesmo inconsciente.

Na primeira tópica tínhamos o sistema consciente/inconsciente como tomada de consciência de algo reprimido. Em Klein, no lugar do inconsciente havia fantasias inconscientes. Para Bion, o que existe é uma barreira de contacto com algo que vem da realidade externa e que se supõe estar na consciência. Por exemplo, a leitura deste texto, terá uma parte que irá ficar na barreira de contacto, supostamente como consciente. Mas à noite algum leitor poderá fazer um sonho com alguma coisa estranha de algum modo relacionada ao texto e isso seria aquilo que da barreira de contacto se organizaria como inconsciente. O inconsciente e o consciente para Bion não são sistemas rígidos, são sistemas permanentemente dinâmicos, permanentemente em actividade que operam no campo da relação, em que uma parte se conhece e outra parte não se conhece. Por isso a frase: «saber acerca de é também não saber acerca de».

Para compreender esta asserção, é preciso juntar a este modelo a modificação do conceito de identificação projectiva em Bion. Este conceito foi trazido da teoria kleiniana.

---

[9] **Pool**, verbo transitivo inglês cuja tradução significa juntar e mancomunar. Mancomunar significacombinar, combinar para certo fim. In Oxford Dictionaries (consulta online, 2008).

Identificação ou desidentificação?

Nos artigos «Notes on some Schizoid Mechanisms» (1946)[10] e um outro de 1950, intitulado «On Identification»[11], que é um texto sobre identificação que também se refere ao conceito de identificação projectiva. Nestes dois textos compreende-se o fundamental deste conceito para Melanie Klein: a suposição de que no objecto dividido em bom e mau, o mau era projectado no objecto externo e, ao transformar-se no mau objecto projectado, este objecto (externo) passa a ser tratado como mau. Ou seja, pela identificação projectiva o sujeito aliena uma parte do seu próprio *self* no interior do objecto, transformando o objecto em cujo interior a parte do *self* foi colocada por identificação projectiva, de tal forma que a identificação projectiva no interior do objecto é muito mais *desidentificação* projectiva do que identificação. Algo é posto fora do sujeito e dentro de algo com o intuito do sujeito se *desidentificar*.

Ora Bion readapta este processo atribuindo-lhe uma função primordial na relação de objecto. Ele transforma-a numa relação de objecto tomada no sentido abstracto, isto é, uma relação à qual se pode aplicar o sentido metafórico da relação mãe-bebé, bem como aplicar-se a toda a relação humana e, muito particularmente, na relação analítica.

Algo é projectado dentro de algo. O que Bion faz é simples: este algo que recebe algo, não apenas recebe, mas transforma o que recebe e devolve. Ele introduz no conceito de *desidentificação* projectiva a verdadeira identificação projectiva. Porque o objecto além de receber, devolve. Há alguém que põe num outro e transforma-o; ou num objecto perseguidor, ou erótico, ideal, etc.. A actividade do analista ou psicoterapeuta é devolver transformado, pela sua própria actividade mental, aquilo que foi *desidentificado* no interior do objecto.

Bion diz que na relação mãe-bebé, a mãe é a função alfa do bebé; a mãe é o lugar da transformação daquilo que ela conteve do seu bebé. O que significa que o sujeito, em primeiro lugar, é pensado dentro de outro, dentro de outra pessoa. No modelo kleiniano existe uma relação objectal na realidade e na fantasia desde o princípio da vida. Para Bion existe, desde o princípio e ao longo da vida, uma actividade constante de transformação da percepção. No início a percepção é transformada em pensamento. Inicialmente trata-se

---

[10] KLEIN, M. (1947). Notes on some schizoid mechanisms, *International Journal of Psycho-Analysis* 27: 99-110; republished (1952) in Melanie Klein, Paula Heimann, Susan Isaacs and Joan Riviere,*Developments in Psycho-Analysis*. London: Hogarth.

[11] KLEIN, M. (1955): On identification, In Melanie Klein, Paula Heimann and Roger Money-Kyrle, eds.*New Directions in Psycho-Analysis*.

28 Teoria das Transformações

de uma transformação rudimentar pela experiência do *taking in*, experiência de tomar para dentro de si os elementos perceptivos que são projectados no interior da mãe: a dor da cólica, por exemplo, é transformada em algo que pode ser mais tolerado pelo bebé.

Teoria de campo: ser pensado para poder pensar o impensável

Mais, neste modelo, à medida que se desenvolvem as capacidades do bebé, vai criar-se uma continência dentro dele mesmo para os seus próprios pensamentos. O bebé vai ganhando capacidade de transformar a percepção em rudimentos do pensar. E, conforme vai crescendo, deixa de projectar e começa a dispor de rudimentos de pensar. Estes rudimentos estão quer para Bion como para Lacan sob a égide da linguagem. Afirma quando o bebé inicia a lalação, está a dar o primeiro sinal de que já consegue conter algumas das suas experiências emocionais. Bion, tal como Freud, conceptualiza a representação pela palavra e pela imagem, mas introduz num meta-modelo muito mais complexo, porque a partir deste momento – mesmo quando já há capacidade continente -o ser humano é sempre pensado em dois lados! Pensa-se dentro dele próprio a partir da sua própria capacidade de pensar e pensa-se dentro do outro a partir daquilo que ele não é capaz de pensar. Delimita assim uma função no campo psicoterapêutico radicalmente diferente. O terapeuta ou o analista é aquela pessoa que, pela via da identificação projectiva, passa a conter aquilo que não pode ser pensado pelo paciente. Tudo aquilo que não é passível de ser pensado pelo paciente irá repor-se na relação terapêutica.

A relação terapêutica é uma relação entre aquilo que o sujeito é capaz de pensar e que está enquadrado na sua capacidade de pensar e aquilo que ele não é capaz de pensar que é a parte inconsciente mas que, pela experiência dupla de pensar dentro de si próprio e de ser pensado dentro do objecto, vai poder ser pensado. O sujeito dá ao objecto os pensamentos (aqueles que o sujeito não é capaz de pensar) e o objecto devolve sob a forma de algo que já pode ser pensado.

Bion retorna com frequência à primeira tópica de Freud: relação consciente/inconsciente. Esta retoma não é baseada no levantamento do reprimido, mas como uma relação dinâmica daquilo que se forma no inconsciente e aquilo que se forma no consciente. E é esta articulação dinâmica que depois pela via da identificação projectiva no interior do objecto – analista – da parte intolerável ao pensamento passa agora a ser reposta na relação, criando uma função transformativa permanente do processo.

O processo terapêutico sofreu mudanças. Começa por ser uma teoria do sujeito em Freud (para Freud é o sujeito que está em questão), passando pela teoria dos objectos (a relação de objecto em Klein), e posteriormente, com Bion, para uma teoria de campo. A passagem epistemológica é radical. O foco analítico passa a ser o campo que se estabelece entre um sujeito e o outro, que é o lugar da significação. É uma teoria de campo que articula com muitas concepções não psicanalíticas (Kurt Lewin[12]), pois passa a ser uma teoria de campo que concebe que é do campo que emerge a significação. Segundo esta teoria qualquer acontecimento é resultante da interdependência de múltiplos factores.

Interveniente: Nós utilizamos as teorias todas em análise?

Nós utilizamos a kleiniana, a freudiana e a lacaniana. Bion não tem teoria, é uma operacionalização de teorias. É uma forma de intervenção. Há alguma teoria sobre a história do sujeito? Bion utiliza as teorias de Freud e Klein sob o seu modelo operativo. Ele dizia que a Psicanálise já tem teorias que cheguem; o que se precisa é de um modelo, um *modus operandis*, um sistema operativo de teorias.

Interveniente: Em vez de uma identificação projectiva, poderíamos falar de uma *transidentificação* do campo relacional?

Sim, porque é ir para além de. O analista vai sempre para além do que ele fala. O que é saudável para a mente do ser humano. A partir de Bion, ser saudável é transformar, é ter a capacidade de estar em permanente transformação. O pensamento inclui sempre um «mas», a Psicanálise implica sempre um «sim-mas». Este pode ser um dos aforismos da psicanálise. Posteriormente irei referir outros aforismos.

A feiticeira metapsicológica nos modelos bionianos

A metapsicologia freudiana é uma autêntica feiticeira! Desta articulação que se pode fazer entre as três obras, onde é que está a feiticeira metapsicológica? O tópico, o económico e o dinâmico. O económico está claramente no conceito de energia, a quantidade de energia que é transformável e não transformável e por aí fora. A tópica é uma tópica imanente, onde se coloca

---

[12] LEWIN, K. ((1951),1965). *A Teoria de Campo em Ciência Social*. São Paulo: Pioneira Ed.

30 Teoria das Transformações

o tolerável ou não tolerável ao pensamento, que é também uma interacção das tópicas.

A barreira de contacto é uma forma de ver em dois tempos: ver como barreira tópica entre o sistema da percepção-consciência e o sistema do inconsciente (sendo a própria barreira de contacto o pré-consciente), e ver como o lugar onde estes sistemas giram. E o ponto de vista dinâmico é aquele onde a tolerância ou intolerância da consciência ao sistema vai definir o dinamismo próprio do sistema. De uma outra forma, o sistema conflitivo que gera o dinamismo do sabido e não sabido. Quer em Lacan, quer em Bion, há retorno à primeira tópica.

TEORIA DAS TRANSFORMAÇÕES NA TABELA

Em seguida ir-se-á desenvolver a Tabela de Bion com base na modificação que realizei em 1998[13] e também a partir da Teoria das Transformações[14].

TABELA I – *Tabela de Bion (versão modificada)*

	Hipótese Definitória 1	Ψ 2	Notação 3	Atenção 4	Indagação 5	Decisão 6	Acção 7	...n
Elementos β A		A2					A7	
Elementos α B	B1	B2	B3	B4	B5		B7	
Ssitema onírico C	C1	C2	C3	C4	C5		C7	
Mítico-narrativo D	D1	D2	D3	D4	D5	D6	D7	
Pré-concepção $\Psi(\xi)$ E	$\xi 1$	$\xi 2$	$\xi 3$	$\xi 4$	$\xi 5$		$\xi 7$	
Concepção F	F1	F2	F3	F4	F5		F7	
Conceito G	G1	G2	G3	G4	G5	G6	G7	
Sistema Hipotético Dedutivo H	H1	H2	H3	H4	H5	H6	H7	
Cálculo Algébrico I								

---

[13] AMARAL DIAS, C. (1998).*Tabela para uma nebulosa*. Lisboa: Fim de Século.

[14] N.R.: O autor tem continuado a aprofundar a interacção dos elementos que compõem a tabela, tendo previamente à publicação desta obra referido que se se separar os elementos beta em elementos primitivos (protopensamentos) e em elementos que resultam da reversão da função alfa, os primeiros não podem ser utilizados para nenhuma actividade cogitativa.

Tabela: o sentido horizontal ou a usabilidade dos pensamentos

A **Hipótese Definitória** é aquilo que nos indica o ponto de origem de algo. Por exemplo, vou dar um Seminário. **Enunciado Falso** é ideia que se constrói a partir de uma hipótese, no exemplo, vou fazer isto para ensinar. Se eu me colocasse no divã, nunca poderia dizer que ia ensinar coisas. Teria de dizer algo assim, que tinha vindo cá para exorcizar o maior dos meus pecados, ou realizar os meus desejos.

A **Notação**, refere-se ao *notar* o enunciado por parte do analista. Neste exemplo a notação poderia levá-lo a perguntar-me porque é que eu realmente vim cá: «Note lá isso, pense um pouco sobre isso». A este momento denomina-se notação da experiência.

A Notação está incluída num sistema dentro da própria Tabela – o **sistema NAI** (Notação, Atenção e Indagação). Este é muito importante porque é aquele que vai permitir procurar o conhecimento sobre a hipótese ou sobre o enunciado falso (enunciado que se cria para não lidar com a dor mental). É um sistema que utiliza já as capacidades de pensar. Permite realizar a **Notação** de uma experiência específica do paciente, ou seja, dar conta de um enunciado significativo; permite também dar **Atenção** a esse enunciado (descriminar o mais importante) e **Indagar** ou investigar a experiência comunicada de modo a atingir mais conhecimento, isto é, conhecimento mais próximo a O (mais verdadeiro).

A **Decisão** implica a necessidade de que toda esta organização se estruture como uma narrativa. Se imaginarmos um símbolo (S), só podemos dizer que um símbolo é símbolo, se interage com um outro símbolo (S), que por sua vez interage com outro e por aí fora: SxS^n. Só há pensamento simbólico quando há interacção simbólica. Um símbolo por si não leva a nada. É por isso que não há decisão num símbolo.

Tabela: o sentido vertical ou evolutivo

TABELA 2 – *Elementos beta*

	Hipótese Definitória	Enunciado Falso	Notação	Atenção	Indagação	Decisão	Acção	...n
Elementos β		A2					A7	

Os elementos beta: enunciados falsos e acções

Um elemento Beta só pode fazer um enunciado e servir para uma acção, uma acção na percepção. Mais à frente veremos de que tipo. Por ora é de questionar se poderá existir algum A1, isto é, se poderá existir alguma hipótese definitória da percepção? Não! Mas existe um enunciado falso sobre a percepção e uma acção na percepção! Um elemento que não é transformável só pode fazer um enunciado, porque é uma percepção não transformada. E assim acontecendo é possível um sujeito, por exemplo, «transformar» uma plateia em pessoas que o querem matar. Na sequência disso o que é que ele faz? O sujeito só pode fazer uma acção. Os elementos Beta, não têm hipótese definitória, não são susceptíveis em si mesmos de serem notados, nem de serem atendidos (atenção), nem de serem indagados: só podem ser enunciados falsos ou puras acções. Não têm como não ser!

Não há hipótese definitória em Beta. A hipótese definitória do elemento beta é o elemento alfa. O elemento alfa que dele se constrói é que seria a hipótese definitória de beta. E também não há pensamento em Beta, porque os elementos beta não são susceptíveis em si mesmos de serem transformados. O que acontece então aos elementos Beta? Onde é que está NAI? Está na função continente, no beta-alfa, protagonizado pela relação com o outro.

É muito difícil ser, ao mesmo tempo, rudimento do pensamento do paciente psicótico e aquele que pensa uma coisa que não é um pensamento. Contudo passa a ser disponível para pensamento a partir do terapeuta. O terapeuta vai produzir o pensamento que o paciente não pensou ou não foi capaz de pensar, ou ainda, quando o paciente não produziu pensamento algum. O terapeuta vai notar este pensamento, prestar atenção, indagar. E assim muda tudo! Há um lugar onde operam funções função alfa – que permite a sua evolução para pensamento onírico, que depois irão sofrer nova actividade transformadora.

Mas os elementos Beta em si mesmos são puramente evacuativos, o que se observa muito bem na actividade psicótica. Não são susceptíveis de serem pensados, há uma área branca das funções transformativas e portanto podem ser puros enunciados falsos, por exemplo, aquela colega está com a mão na boca, e a percepção de um louco é: «cale-se» e a acção dele vai dizer respeito a zangar-se, fugir, ou qualquer outra coisa relativa ao enunciado falso inicial – «cale-se!». Tudo isto porque não há hipótese definitória. Para haver é preciso haver diacronia sujeito-objecto. Porque nos elementos beta não há objectos.

Não se pode falar em personalidade psicótica, porque não existe *personna*, na medida em que o que caracteriza uma pessoa ou um sujeito se passa em relação ao outro. Onde é que está o outro na pessoa que vê um gesto simples e individual e o interpreta como uma exigência para si próprio? Onde é que está o outro aqui? A percepção é vista em função do próprio, o que implica que não haja nem percepção do outro, nem, evidentemente, pensamento. Os enunciados falsos e as acções das pessoas que «trabalham» sob a égide de elementos beta puros são apenas, e só, antipensamentos, em termos puramente cognitivos. Posteriormente irei falar do ataque ao pensamento. Estes elementos beta não são apenas *nenhum* pensamento, ou um *não*-pensamento ou ainda *uma ausência* de pensamentos: são antipensamentos!

Os antipensamentos e o processo da sua transformação

Como é que se trabalha clinicamente um antipensamento? Considerando o modelo de pensamento freudiano da psicose, sabe-se que o conflito não é entre o psicótico hipotético que estou aqui a mencionar como exemplo e a colega que põe a mão na boca – é entre o «Eu» e a Realidade. Mas será que o «Eu» existe neste exemplo de funcionamento psicótico? Será que é possível encontrar algum «Eu» constituído pela relação com a Realidade, na diacronia que se constitui pela radical separação sujeitooutro? Não! E não será esta descrição, aquela que Freud nomeou de Narcisismo Primário, aquele lugar onde não há diferenciação entre o sujeito e o outro? Claro!

Poderemos ainda questionar se haverá uma tópica (ou antes uma energia pura) que não é possível ser encontrada na feiticeira metapsicológica, porque não tem condição de ser pensada nem topicamente, nem dinamicamente. O conflito neurótico é um conflito produzido pela regressão libidinal a modelos de funcionamento infantis (a neurose infantil de que falei) e que é vivido no processo terapêutico através da resistência-transferência. Neste nosso paciente imaginário não há resistência nem transferência. Para ele a colega mandou-o calar. E ele poderia responder: «Porque é que você me está mandar calar?» E a colega poder-lhe-ia responder: «Porque é que lhe é insuportável que eu comunique consigo?»

Com esta interpretação a colega estaria a transformar um antipensamento num pensamento que é a insuportabilidade que o sujeito tem de comunicar com a colega. E é assim que se utiliza a identificação projectiva de uma forma transformadora: «ir para além de». Mas há um NAI ausente. Reparem ainda que para que este modo interpretativo possa ocorrer é necessário notar, prestar atenção e indagar. A experiência que foi aqui indagada pela parte autista da mente do paciente (aquela que é intolerante à comunicação com o terapeuta), pode ser expandida e poderíamos compreender a sua intolerância ao facto dele existir dentro da mente da terapeuta (ou mesmo apenas que dois humanos possam existir no interior um do outro). Expandindo mais ainda, podemos compreender o quanto isso lhe provoca um sentimento de fragilidade absoluta, por ficar à mercê da terapeuta, que o paciente sente que a fala é uma forma de dominação e apropriação de uma pessoa, etc. Aqui deparamo-nos com a transformação realizada a partir da indagação final, que não é nada mais, nada menos que o efeito multiplicativo do elemento final da transformação. Isto é fundamental. Aquilo que nós comunicamos ao paciente também é sempre «sim, mas».

Elementos alfa ou «sim-mas...»

TABELA 3 – *Elementos alfa*

	Hipótese Definitória	Enunciado Falso	Notação	Atenção	Indagação	Decisão	Acção	...n
...								
Elementos α	B1	B2	B3	B4	B5		B7	

Pela tabela constatamos que os elementos alfa podem ter uma hipótese definitória, podem ter um enunciado falso, pode ser notados, ser alvo de atenção, podem ser indagados e, embora não possam levar a uma decisão, podem levar a uma acção. Para haver uma decisão é preciso que toda esta organização se estruture de uma forma narrativa. Uma narrativa é um encadeamento de elementos simbólicos. Se imaginarmos um símbolo (S), só podemos dizer que um símbolo é símbolo se interage com um outro símbolo (S) e por aí fora: SxS^n. Só há pensamento simbólico quando há interacção simbólica. Um símbolo por si não leva a nada. É por isso que não há decisão no símbolo. De qualquer maneira, pelos exemplos anteriores de protopensamentos, o campanário de uma igreja, o acordarmos com uma canção, ou ainda uma imagem que nos assalta durante o dia; todos estes protopensamentos têm em comum o facto de serem susceptíveis de serem notados, susceptíveis de serem atendidos (atenção) e são ainda susceptíveis de indagação.

Contudo estes são elementos do «sim-mas...». Porquê? Vejamos o seguinte exemplo de conversação imaginária entre paciente e analista:

A. – Veio à universidade X *sim*, **mas** porque é que vem à universidade?

P. – *Sim, mas* eu vim cá também porque gosto de ter plateias. ... *Sim, mas* não será que tem a ver com os meus pais, de querer a atenção deles?

36 Teoria das Transformações

Bion constrói um sistema (principalmente no encadeamento da tabela) que não se afasta muito do modelo de Freud. A rotação implícita nesta expressão «sim, mas...» é aquilo que permite funcionar o sistema. Continuando a conversa imaginária:

A. – (Note) Ok! Você veio mas porquê? O que é o leva a ter esta prática que parece compulsiva, de vender receitas como os padres na igreja?

E esta organização é aquilo que permite a transformação do enunciado falso numa indagação final sobre este enunciado. A melhor conclusão a tirar deste «sim, mas...» é que tudo o que produzimos é um mal entendido. A Psicanálise não é uma ciência dos bens entendidos, é antes e apenas dos mal-entendidos. Há sempre um mal entendido. Porque é que é sempre um mal entendido? Porque mesmo quando chegamos à indagação, ao fim do sistema NAI, essa indagação é sujeita mais uma vez a uma anotação, segue sempre desta forma cíclica.

A. – Ok! Você queria a atenção dos seus pais. Mas porquê?

Volta à anotação. Cada compreensão gerada em NAI (Sistema Notação, Atenção e Indagação) é um mal entendido.

Paradigma dos observatórios ou a tolerância ao sentido de infinito

Proponho agora uma metáfora *à la* Bion: «vamos fotografar o monte Evereste no Tibete. Fotografamos a montanha pelo Norte, pelo Sul, pelo Este, pelo Oeste. Colocamos essas quatro fotografias da montanha à frente de uma mesma pessoa. E pergunta-se-lhe se a montanha é a mesma. A resposta é obviamente não, porque parecem ser quatro montanhas, em vez da mesma montanha.»

Neste momento Bion elucida-nos: «são quatro montanhas e uma mesma montanha ao mesmo tempo». Então, como é que se observa o monte Evereste? Observam-se quatro montanhas? Uma montanha? O que se faz é observar-se uma montanha sob quatro pontos de vista diferentes, isto é, mudarmos o observatório. É a placa giratória do observatório que muda e não o ponto de observação. Este último é imutável. Mas é a transformação através da atenção, notação e indagação (NAI) que transformam o ponto de observação.

Retomemos o nosso paciente imaginário e exemplifiquemos através desta metáfora.

- Primeiro ponto: «você quer que eu me cale, não suporta que eu comunique consigo».

- Segundo ponto: «Se eu comunicar consigo você vive isso como uma intrusão dentro de si».

(É sempre o mesmo Evereste, mas não a montanha norte. Talvez a montanha Sul.)

- Terceiro ponto: «se você comunicar comigo e se sentir que eu o entendo, você tem medo de ficar dependente de mim».
- Quarto e último, neste exemplo: «você teme depender de mim pois eu posso atacá-lo com o abandono e você ficar completamente indefeso perante mim».

Qualquer observador da mente humana tem de ter esta capacidade que é a tolerância ao sentido de infinito. A miríade de observação – mesmo num elemento beta, isto é, mesmo na coisa mais primitiva que nós temos na mente, mesmo no doente mais perturbado, é importantíssima para a transformação. É que a transformação é como uma placa giratória com várias faces, que vai sempre virando e revirando, etc..

E esta concepção de transformação como placa giratória produz um efeito de infinito na medida em que se vai para além do que o sujeito diz. O sujeito imaginário que tenho vindo a referir disse: «cale-se!». E nós respondemos fazendo girar o ponto de observação: «você não suporta que eu exista».

Os sonhos na tabela

TABELA 4 – *Sistema Onírico*

	Hipótese Definitória	Enunciado Falso	Notação	Atenção	Indagação	Decisão	Acção	...n
...								
Sistema onírico	C1	C2	C3	C4	C5		C/	

Num sonho, por exemplo, podemos pensar também a tabela de Bion. É claro que há uma hipótese definitória para o sistema onírico, que é o resto diurno. Mais um exemplo imaginário:

P. – Ontem vi um filme da *National Geoghrafic* e depois sonhei com leões.

A hipótese definitória é o resto diurno. O enunciado falso é o conteúdo manifesto. O que é que o analista propõe quando pergunta:

38 Teoria das Transformações

A. – O que é que você pensa deste sonho?

P. – Ah, curioso aquele pormenor no sonho...

E assim o analista vai podendo interpretar o sonho na globalidade. Porém quer num lugar quer noutro pode haver acções. Já veremos a relação entre acções e sonhos na tabela. Por agora, já sabemos que um elemento beta só pode ir para dois lados. O elemento alfa só não pode ir para a decisão. Descendo na hierarquia encontra-se o sistema onírico. É de não esquecer que Bion considerava que o sistema onírico era não somente constituído pelos sonhos (como considerava Freud), mas também pelas fantasias que se constituem de modo visual[15]. Ele considerava também oníricas as fantasias que recorrem à representação pela imagem, exactamente como num sonho. Ele casa Freud e Klein, mais uma vez. E através deste casamento abrange mais que um sistema onírico propriamente dito.

Mas, reparem o que acontece a alguns pacientes que produzem sonhos de grande qualidade elaborativa e não os trabalham na análise. Ficam assim à mercê daquele sonhador. O sonho pode ser colocado como um enunciado falso. Acontece também muitas vezes que para deitar um sonho no divã é preciso mandar embora o sonhador, enquanto este for o detentor da resistência. E depois tornar o sonho útil. Se há sonhadores que produzem pensamentos relativos aos sonhos, também há sonhos que são sonhos de acção, puras acções.

Por exemplo, um paciente paranóide que se sente perseguido durante o dia e à noite sonha que é perseguido. Poderá isto ser um sonho? Teve alguma transformação através de uma actividade mental de hipótese definitória sobre o ser perseguido ou produziu algum enunciado falso que seja algum conteúdo manifesto? Haverá algum conteúdo manifesto neste tipo de sonhos? Não há conteúdo manifesto nem latente, o sonho é simplesmente uma evacuação de uma parte da mente do sujeito. Aquilo que parece um sonho regressa à primeira cadeia – elementos beta. Onde parece existir um sistema onírico há uma evacuação sem resto diurno.

O Sonho é o lugar onde uma parte da mente acorda

O sonho psicanaliticamente tratado é uma actividade de vigília e não uma actividade nocturna. O sonho é sempre o lugar em que a mente acorda e não onde a mente adormece. Estar acordado ou estar a dormir não é apenas uma definição neurofisiológica. E por isso não interessa como algo que per-

---

[15] Bion, W. (1963). *Elements of Psycho*-Analysis. London: Heinemann.

tence ao campo terapêutico. O sonho é uma actividade de *arousal*, estarmos vigís. Num verdadeiro sonho a pessoa acorda para uma realidade psíquica. Por vezes é ao contrário, anda-se acordado e parece que se anda a dormir. Há uma expressão portuguesa: «andas a dormir na forma». As pessoas que «dormem na forma» não transformam, produzem apenas figuras, formas.

O que é que implica um sistema onírico? Partindo da ideia de estado vígil da mente quando se sonha, isso implica uma capacidade de digerir o objecto. O sonho implica digestão do objecto, ou seja, ele faz parte do sonhador.

Para sonhar é preciso digerir o Totem e o Tabu

Ao comparar um sonho com uma fobia infantil, verificamos que estas últimas são versões mais ou menos próximas dos modelos totémicos. Por exemplo: «tenho medo que o cão me morda!». O cão é o totem. O texto de Freud «Totem e Tabu»[16] é muito mais do que uma dissertação sobre um ponto de vista antropológico. O totem, neste exemplo, é um animal que nos pode atacar, isto é, tem a perigosidade primitiva do animal totémico. A estrutura totémica do pensamento está presente todos os dias na vida das pessoas. Esta perigosidade não ficou lá para trás na horda primitiva, ela participa na nossa vida mental quotidianamente.

Retomemos então agora o modelo da digestão. Este é um modelo em que o Totem se torna uma coisa nossa. O Eu digere o Totem e também o Tabu. É esta digestão realizada pelo Eu que permite o sistema onírico. Daí que aquilo que Freud fala sobre o sonho seja uma coisa muito interessante. Para Freud o sonho era uma realização de um desejo. Em primeiro lugar, é preciso perceber quantos desejos existem no desejo freudiano: desejo de ser reconhecido, desejo sexual e a demanda do objecto do desejo. Em português, francês e inglês, existe apenas uma palavra, realização do desejo e assim se perde a ampliação que estes conceitos merecem e que lhes deu origem.

Os desejos nos sonhos de desejo

No famoso capítulo II da «A Interpretação dos Sonhos», Freud, após a revisão sobre os sonhos vai apresentar o que é que para ele é um sonho. O que é conseguido pelo sonho inaugural, o sonho de Freud de uma injecção dada a Irma? Na realidade o sonho da injecção feita a Irma resultava

---

[16] FREUD, S. (1913). *Totem e Tabu* In Obras psicológicas completas de Sigmund Freud (SBS). Rio de Janeiro: Imago, 1996.

de um problema. E o sonho concluía-lhe o desejo de que ele – Freud – não era o culpado, o responsável por aquilo que se passou com Irma mas era outro médico o responsável. Freud serve-se deste sonho para resolver um problema, o sonho era a realização de um desejo. O desejo de não ser responsável, não ser o culpado.

Esta realização do desejo implica sempre um reconhecimento narcísico: «vê-me, olha-me»! Lacan disse isso muito bem quando disse que o desejo era o desejo do desejo do outro, ou seja, o desejo de ser desejado pelo outro. Mesmo no neurótico, mesmo no desejo sexual, está sempre presente um desejo de reconhecimento narcísico: «Desejame, se me desejares, eu reconheço-me no teu desejo – reconhece-me»! Esta é a primeira forma de desejo.

Depois temos a *das ding*, isto é, a *coisa*. Claro que há a *coisa* sexual. Espero que compreendam que há mesmo a *coisa* sexual. A Psicanálise continua a pensar na *coisa* sexual, por muito que se critique o velho Freud.

O terceiro desejo é o que está ligado à demanda do objecto – ir à procura do objecto do desejo. O que é que se procura? Que demanda? Procura-se o objecto que fundou o desejo. Porque o nosso universo de objectos é um universo de cadeias substitutivas. Cada objecto pode ser substituído por objecto análogo. Aquilo que se diz sobre só existir um homem para uma mulher e um mulher para um homem é errado. No entanto Freud diz que o amor é tanto mais duradouro e tanto mais erótico e intenso quanto mais a escolha do objecto adulto se aproxima da escolha do objecto infantil. Ele não tem medo de dizer a verdade. Porque o objecto substitutivo que se constitui, na cadeia de objectos substitutivos, é aquele que está mais próximo do objecto do desejo que foi interdito. Pois este é aquele que permite o interdito de forma transformada. Aquele que fica entre ditos, aquele que se organiza sobre a forma da linguagem, a linguagem da procura. Portanto este terceiro desejo, que é a procura do objecto do desejo, é um lugar de interface na barreira de contacto. Por baixo está o pai ou a mãe, para cima está o objecto.

Imaginem que nesta cadeia o objecto escolhido está muito afastado da origem e está, por exemplo, muito ligado ao reconhecimento narcísico. Aqui a escolha não tem uma organização erótica, é outra coisa. A demanda do objecto do desejo é o reencontro com o objecto de desejo infantil. Freud tinha razão quando dizia que é o lugar onde a neurose do adulto reproduz a neurose infantil e não a neurose da criança. Mas tem de ser uma reprodução transformada: a neurose infantil é transformada na neurose do adulto.

Sonhos como dramatização do mundo psíquico

E Klein, o que é que ela nos diz sobre o sonho? Qual era a sua prática em relação aos sonhos? Ela agarra num sonho e toma o sonho como uma dramatização do psiquismo. Enquanto que para Freud a relação parte do sujeito para o outro, para Klein os outros estão colocados na acção que se passa no sonho. Para ela os sonhos são sempre de acção. Ela dramatiza o psiquismo. No sonho encontro x, x', e o analista diz: «você está vivendo o pai que o ataca». Mas isto de facto é verdade! O sonho também é dramatização do psiquismo. O sonho é a realização do desejo e dramatização do psiquismo. Neste sentido, o modelo kleiniano poderia acrescentar à metapsicologia um ponto de vista dramático.

O uso dado aos sonhos: Evacuar ou transformar?

Qual é a diferença entre um sonho evacuativo e um sonho transformativo? É a mesma que existe entre uma fibra muscular lisa e uma fibra muscular estriada (concepção bioniana). O sonho evacuativo não é um sonho. Quando nós introduzimos um estímulo no princípio da fibra muscular lisa, este estímulo vai atravessar toda a fibra muscular e o estímulo (impulso) que sai é o mesmo que entrou. Numa fibra muscular estriada, o estímulo (impulso) que sai é transformado, pelo que o que sai é diferente do que entra. Esta relação é útil. Um sonho psicótico, um sonho evacuativo, é um sonho sob o prisma da fibra muscular lisa. É uma evacuação através do sistema onírico. Mas não é um sonho evacuativo. É uma evacuação através de um sistema.

Interveniente – Não é sequer sistema onírico, é outra coisa?

Passa pelo sistema onírico mas não é sistema onírico. É apenas uma evacuação que passa pelo sistema onírico. O sistema onírico só existe quando ele pode ser submetido a todas as características que tenho vindo a falar aqui: um enunciado falso que é o conteúdo manifesto, depois a notação e atenção desse conteúdo manifesto, para o poder indagar.

Indagando o Édipo Indagador ou procurando o procurador

Foi publicado recentemente uma pequena obra de Bion que ele denominou «a indagação de Édipo». Porquê? Não é porque ele achasse que a indagação era chegar ao complexo de Édipo, é porque ele achava que na narrativa edipiana está presente a verdadeira relação com a indagação. Édipo é o indagador, é aquele que indaga. Mas na história de Édipo encontram-se muito mais ideias interessantes.

Uma delas é o problema geracional. É de ter em consideração que a castração final de Édipo já estava presente em Labdacos – o avô de Édipo – e em função do crime real. É aquele que procura saber o que não é permitido saber. Édipo é o sujeito simbólico por excelência.

A castração fica aqui belissimamente dramatizada: castração como o lugar impossível da relação com o outro do desejo. Mas é pela ordem da castração que nós somos introduzidos no universo de objectos substituíveis.

No sonho o desejo insiste mas não existe: ex-iste

Ora o que é se encontra nos sonhos? No enunciado falso é criado um objecto substitutivo e o analista repõe o objecto substitutivo como objecto imaginário. O analista tem de reformular a questão num duplo sentido: consciente-inconsciente ao comunicar-lhe o incómodo existente perante o desejo edipiano (o desejo incomoda porque não existe; o desejo *insiste* mas não *existe*, aliás o desejo, bem analisado, *existe*). Se o desejo existisse no verdadeiro sentido do termo, íamos todos para casa ter relações com os nossos objectos de desejo da infância, o pai/mãe. O lugar do sonho é precisamente aquele onde estes objectos são digeridos pelo Eu: é o lugar onde o *ex-iste* encontra o *isso*.

Este desejo irá *insistir* também em outros lugares. Um deles é a rivalidade edípica sobre os objectos substitutos. E esta existe justamente para permitir a indagação. E a indagação permite o crescimento do sujeito. Mais uma vez a questão é cognitiva. O modelo de Freud era o modelo da reposição do consciente/inconsciente. Para Bion é um modelo histórico. A questão fundamenta o saber, o indagar como Édipo. O modelo bioniano é um modelo cogitativo-emocional.

Sonho e (inter)relação simbólica: digerir ou não gerir o objecto

O sistema onírico é aquele que está ligado ao início de uma verdadeira relação simbólica. Porque no sistema onírico realizam-se as primeiras organizações da relação entre os protopensamentos e a digestão; onde se dão as primeiras organizações que permitem o digerir necessário ao Eu da Realidade.

O sistema onírico delimita uma fronteira. Uma fronteira que separa os elementos digeridos pela mente, dos que não são digeríveis pela mente e são, por isso, apenas evacuáveis. O «aparelho» onírico permite a evacuação dos elementos não transformáveis e a digestão dos elementos transformáveis. O sistema onírico propriamente dito é o primeiro sistema onde os elementos se encontram digeridos pela mente.

A diferença entre o modelo totémico e o modelo onírico é que no modelo totémico predomina a fantasmagoria (fantasmagoria de imagos, imagem ou imagem directamente), enquanto que no sistema onírico predomina a fantasia modelada pela imagem: ou há representação ou há o modo totémico.

A questão totémica é muito importante em Psicanálise. As relações interpessoais podem ser concebidas subdividindo-as em sujeitos que *totemizam* o objecto e aqueles que se relacionam com ele, porque o objecto foi digerido. O lugar onde o sujeito digere o objecto é aquele que permite o sistema onírico.

Falha da simbolização: o objecto simbolizador e o objecto deformado

Este sistema é falhado nas patologias *borderline*. Na parte psicótica da mente o que falha é o sistema onírico enquanto lugar onde se realiza uma transformação. Apenas existem elementos beta que são evacuados através do sonho. Na patologia *border* o que falha é a concatenação simbólica (conexão simbólica) dos vários elementos que se expressam a partir de um sonho.

A falha do sistema onírico *borderland* é diferente da psicose. Na patologia *border* o que falha é a organização dos pensamentos de sonho. O *borderline* não é capaz de organizar uma estrutura de correlação SxS^n, ou seja, de articulação entre símbolos de modo a criar uma cadeia onírica de fantasia. A patologia é por excelência a patologia da dependência porque é a patologia em que a transformação de SxS^n depende do objecto.

A identificação projectiva na psicose caracteriza-se pela deformação do objecto, uma *einstelung*, enquanto que na patologia *border* o objecto é usado como uma parte do aparelho de pensar do paciente. É ao objecto que compete a organização do sistema simbólico. E esta é que é a dependência *border*: o objecto tem como função a articulação de um pensamento com outros pensamentos, de modo a constituir a cadeia simbólica. O objecto representa para o sujeito o lugar da articulação dos símbolos que é necessário para o pensar. A grande dependência dos *border* não é uma dependência emocional, é a dependência da actividade cogitativa do objecto. A ressignificação que é dada pelo objecto, permite ao sujeito viver uma experiência de realidade que de outra forma lhe seria insuportável.

O *border* oscila sempre entre duas coisas: em dispor do objecto que *oniriza* (e que lhe organiza uma cadeia simbólica mínima) e o objecto que é atacado pelo temor à fusão, implícito com qualquer objecto que *onirize* os «pensamentos» do sujeito. É por isto que a identificação projectiva assume

46 Teoria das Transformações

a qualidade da complementaridade – identificação projectiva complementar, concepção esta que é muito referida quer por Kernberg, quer por Paulina Kernberg. É a complementaridade do *self* no interior do objecto que delimita o objecto no *border*.

Aquilo que acrescento a esta modalidade de compreensão da patologia *border* é uma concepção da patologia *border* em dois limites: a patologia da dependência e a patologia da perturbação do pensamento. A primeira organiza-se como uma identificação projectiva complementar do objecto, dando uma pseudo normalidade ao sujeito. Na segunda patologia, com predomínio da falha da película do pensamento, é a ausência do objecto que faz interrupções ou fragmentações na película de pensamento do sujeito que são as chamadas irrupções psicóticas. Estas surgem porque o objecto não está a desempenhar a sua função essencial, primordial e crucial ao sujeito *border*, isto é, a identificação projectiva complementar.

O sistema onírico do *border* falha (é de não esquecer que o sistema onírico que serve de evacuação não é um sistema onírico no verdadeiro sentido do termo) e eu considero esta falha um dos paradigmas da patologia borderline, porque é precisamente o lugar onde o sujeito necessita do objecto para que o objecto o ressignifique. Sem esta ressignificação o sujeito fica num mundo mental cujos encadeamentos só podem ser realizados em acções ou em enunciados falsos. O sonho existe mas está colocado em C2 ou C7. Não há a experiência notativa da atenção e indagação.

Mas este sistema é oposto ao sistema psicótico na medida em que neste último a ressignificação é feita a partir da diacronia que se estabelece com o objecto. Porque a interpolação interpretativa na psicose é o estabelecimento do sistema diacrónico: tu existes porque eu existo. Na patologia *border* é exactamente ao contrário: «eu existo e por isso tu existes». No *border* o lugar da existência do outro é atribuído pelo lugar da existência do próprio. Aqui a existência do sujeito *border* é a medida de ressignificação da existência outorgada pelo outro.

A fantasia-acção

Na patologia *border* também há fantasias. Mas são fantasias que não se articulam com outras. E aparecem como uma acção. A patologia *border* não é unívoca, é proteiforme. Encontra-se em sob várias formas: desde as toxicodependências, passando pela patologias do comportamento alimentar, psicossomáticas; até às muitas das chamadas depressões essenciais.

Esta *proteiformidade* é muito curiosa. Há pacientes que vivem, do ponto de vista da realidade, com partes do *self* que não têm condições para ser inteiramente fantasiadas. Kernberg no livro a psicopatologia das relações amorosas[18] refere que uma boa parte dos sujeitos supõe ou imagina um terceiro durante o acto amoroso. Mas na patologia *border* o sujeito não tem como organizar esta relação simbólica. Por isso desconecta a relação simbólica e por exemplo, algo que é um fantasma homossexual transforma-se em algum coisa que tem de ser obrigatoriamente vivido. A concatenação simbólica não se passa, ou melhor, o único lugar onde ela se passa é no interior do objecto continente. O que é muito interessante na relação dos *border* com a realidade e com os objectos, porque o *border* toma os objectos como prolongamentos do *self* e são os objectos que se encarregam do sonho que o sujeito não pode sonhar.

Personalidade e sistema onírico

Não há uma personalidade nos *border*. A personalidade começa num sistema onírico organizado. Só existe personalidade quando o sujeito que sonha interroga o sonhador que sonha que é ele próprio. Só existe personalidade no lugar em que o sujeito reflecte algo sobre si. Aquilo a que Bion chama o aparelho de pensar o pensamento, ou seja, os protopensamentos, os pensamentos e os pensamentos propriamente ditos que resultam da relação entre o pensamento e o aparelho de pensar o pensamento. É isso que permite a experiência notativa, a experiência da atenção e, no trabalho com o analista, a experiência indagatória que eu há pouco reformulei a propósito de Édipo. É esta experiência da indagação que permite a constituição da verdadeira organização transformativa a nível do sistema onírico. E o *borderline*, ao não ter concatenação simbólica, não tem personalidade.

O sistema onírico para o sujeito da condição desejante (neurose)

Recordando a ideia anteriormente desenvolvida do *ex-iste* enquanto paradigma do sujeito neurótico, gostaria de acrescentar que este é o lugar por excelência da coisa sexual, a *das ding* freudiana. A neurose é um luxo que nem todos podem usufruir. É um privilégio pois ele *ex-xiste*, e o seu desejo persiste e insiste sob a forma da condição desejante. Enquanto que o sujeito *border* apenas *iste*, e o sujeito psicótico é apenas *isso*. Ou então é *ex-isso* pela

---

[18] KERNBERG, O. F. (1995). *Psicopatologia das relações amorosas*. Porto Alegre: Artes Médicas.

48   Teoria das Transformações

formulação que é permitida na patologia psicótica ou pelo prolongamento que é próprio da patologia *border*: Tu *ex-istes* porque eu existo!

Sistema Mítico-Narrativo

Para além dos acontecimentos de vida, há a narrativa

A seguir ao sistema onírico deparamo-nos com o sistema mítico-narrativo. Bion não considerava assim, ele concebia-o como parte de um sistema mítico-onírico. Devido à necessidade de integrar neste sistema um fantasma de origem – um fantasma sobre o qual nós jamais saberemos alguma cosia – divido a categoria mítico-onírica de Bion em sistema onírico e em sistema mítico-narrativo. Do primeiro falámos anteriormente, clarifiquemos então o sistema mítico-narrativo e a questão do fantasma da origem.

Todos nós temos um fantasma originário do qual nada sabemos. Cada pessoa é intérprete de uma história da qual é personagem. Um paciente que tenha capacidade de elaboração mítico-narrativa – o paciente neurótico – traz-nos sempre uma história, nem que seja uma história de pânico. E essa história é sempre interpretada pelo sujeito, nem que seja uma razão tão simples quanto esta: «porque bebi um copo de água fria».

Quer neste paciente imaginário neurótico, quer no ataque de pânico, ou qualquer outro sintoma ou fenómeno, há uma tentativa do sujeito introduzir uma narrativa sobre o acontecimento. Aqui encontramos a razão deste sistema ser um sistema mítico. É mítico porque o sujeito não pode saber o seu fantasma de origem, ou seja, ninguém lá esteve para saber como é que foi exactamente, ninguém lá esteve para saber como é que foi a relação com o pai, a relação com a mãe ou a relação com os irmãos. Há contudo uma narrativa que ele apresenta sobre esses momentos inacessíveis. O sistema é então mítico no sentido em que «o mito é o nada que é tudo»[19]. Esse algo inacessível está presente na interpretação e naquilo que o sujeito traz pela sua própria interpretação. E é isto que de facto é subordinado ou submetido ao processo terapêutico.

---

[19] Fernando Pessoa, *Mensagem*: «O mito é o nada que é tudo. / O mesmo sol que abre os céus/É um mito brilhante e mudo. (...)»

O mito pelo sintoma

Assim considerado, o processo terapêutico parte de um princípio básico; o que o sujeito nos traz é uma interpretação de uma narrativa de que ele é autor e actor. Parte de uma ideia de que o que acontece não é a *gesta*, ou seja, não é o acontecimento, mas é o *narrarum gesta*, ou seja, a narrativa sobre um acontecimento. O processo terapêutico parte ainda do princípio que a organização do sistema narrativo é o sinal evidente de que existe uma cadeia simbólica apta a ser formulada por ambos; pelo paciente, através do seu mito pessoal, e pelo terapeuta através da forma como ele vai «agarrar» e transformar esse mito. Quando se pensa no sistema mítico–narrativo do sujeito neurótico podemos criar um outro aforismo, readaptando de uma frase antiga: «dê-me o seu sintoma que eu melhoro o seu sistema mítico-narrativo». A psicoterapia é assim concebida como uma troca, um comércio onde está implícito um obrigado mútuo. O primeiro aforismo referido pode ser considerado o aforismo principal da psicoterapia, é que o «sim-mas...» implica sempre a existência do outro, do terceiro: «*sim* estou de acordo consigo *mas* também existe...».

É muito mais simples dizê-lo que fazê-lo. Eis a psicoterapia: «melhorar o mito em troca do sintoma» (e não apenas o preço da sessão) e o «sim-mas...». Quer no sistema mítico, quer no sistema narrativo a ressignificação é uma questão essencial. Mais uma vez nos deparamos com um problema da área cognitiva, embora sempre do ponto de vista psicanalítico.

Ressignificação, transformação e interpretação

A ressignificação é a mudança de significado, a mudança da forma de observar, a mudança da forma de ver. A transformação encontra-se na mudança da forma de ver. E esta mudança permite retomar a ideia inicial apresentada neste texto: «transformar é ir para além da forma e da figura». Nesta transformação a pessoa reconhece o seu mito: «efectivamente eu fui assim, efectivamente a história que eu lhe trouxe era assim, mas você mudou a minha narrativa sobre o meu mito, a forma de ver o meu mito». E é esta mudança de narrativa sobre o mito que o psicoterapeuta opera ao interpretar o mito. Onde é que se interpreta então?

Mito, paixão e senso comum

Bion dá-nos três formas de interpretação: sobre o mito, sobre a paixão e sobre o senso comum. A interpretação sobre o mito evoca a concepção

50 TEORIA DAS TRANSFORMAÇÕES

de temporalidade freudiana. O sistema mítico-narrativo que o paciente nos apresenta no *agora* é resubmetido a uma modificação, sendo que a invariante infantil imaginária (a neurose infantil que há pouco referi), é revista através da neurose do adulto e retransforma, na neurose do adulto, a modalidade de defesa, a natureza da angústia e ainda o modo de funcionamento que estavam ligados à neurose infantil. Esta é a interpretação na área do mito.

Na área da paixão, a interpretação repõe os três étimos da paixão. Paixão tem origem no grego *pathos*, que foi adaptada do latim *passióne*, com o mesmo significado, dor e sofrimento. O seu significado principal actual na língua portuguesa continua a ser sofrimento, embora seja utilizada para designar amor, enquanto este for um afecto violento (quer seja amor ou ódio). No grego antigo era também utilizado o termo *pathei-mathei*[20], que significa dor e experiência, ou seja, significa aprender através da dor ou do sofrimento. Na psicoterapia ou análise, a área da paixão repõe a transferência amorosa (tal como Freud falou) na dinâmica relacional analítica, sempre que não esclarece o problema da «Paixão segundo Jesus Cristo», ou seja, o acto do sofrimento ou ainda o *pathei-mathei,* o aprender através da experiência do sofrimento. O segundo livro de Bion «Learning from experience» remete-nos para a importância desta noção de aprender através da experiência que não é nada mais, nada menos que significado de

pathei-mathei: «aprenda através da sua experiência, aprenda através da sua dor, aprenda através do seu desejo». E através desta noção é possível detectar o quanto Bion defendia que não há aprendizagem sem afecto.

Resumindo, podemos aprender no mito que poderá constituir a chamada interpretação explicativa. Se introduzirmos Dilthey, e as suas concepções de *explanandum* e *explanang* (compreensão e explicação, respectivamente), verificamos que a interpretação do mito funciona na ordem da explicação; a interpretação na paixão funciona na ordem do afecto e temos ainda a interpretação na ordem do senso comum.

Porque aquilo que nós vivemos no sistema mítico-narrativo, quando falha na área do senso comum, remete-nos obrigatoriamente para o primeiro tempo da tabela. Os pacientes a quem falha a área do senso comum podem tornar uma questão levantada no decorrer do processo analítico numa acção. De modo que a interpretação é ouvida na área do agir, porque os pacientes não são capazes de ter um pensamento sobre isso. A narrativa do paciente, nestas ocasiões, é interferida precisamente no enunciado falso, saltando assim deste para a acção.

---

[20] N.R.: Frase célebre de Agamemnon, Segundo Marcia Schuback in *Towards a phenomenology of pain and suffuring: a reflection on Max Scheler's phenomenology of pain and suffering.*

É por isso que o sistema narrativo contempla todos, exceptuandomais uma vez a decisão que só pode existir quando o sistema NAI funciona. Sem notar uma experiência, ter atenção a essa experiência e indagá-la, a experiência não contempla uma tomada de decisão. Porque não é possível tomar decisões sobre nada sem este processo. E mesmo que aparente ser uma decisão, sem o funcionamento do sistema NAI, não o é. Reparem neste exemplo de uma paciente *border* que tem uma *proteiformidade* impressionante de sintomas: «decidi ir para a cama com a italiana». Esta aparente decisão é apenas uma acção de uma fantasia. A decisão é a capacidade que se tem de levar em conta aquilo que o aparelho de pensar o pensamento foi capaz de produzir a respeito de, e ser capaz simultaneamente de tolerar a dúvida em relação àquilo que é o conteúdo da decisão.

Pelo seu lado, o analista é obrigado à tolerância ao sentido de infinito que à pouco vos falei pela ordem das quatro ou mesmo *n* visões que o sujeito tem do objecto do pensamento. Mas o paciente, ao longo do processo analítico ou terapêutico, vai «crescer» emocionalmente. E o crescimento emocional leva inevitavelmente à tolerância à dúvida: «eu duvido». A dúvida é o melhor que pode acontecer à *res cogita* cartesiana. É o lugar onde o sujeito duvida do seu próprio pensamento. «Eu penso, logo existo. Sim, mas o que é que eu penso da minha existência?». Se a análise ou psicoterapia não introduz o sujeito na tolerância à dúvida então nada foi criado entre os dois.

Bion afirma em Cogitations[21], num texto muito pequeno sobre o que é que pode ser a psicanálise ou a psicoterapia psicanalítica, quando uma pessoa começa um trabalho psicoterapêutico ou psicanalítico traz seis factos, cada um com uma versão. Quando termina a análise ou psicoterapia, passa a ter seis versões para cada facto, precisamente porque se dá uma transformação da narrativa que o sujeito traz, e esta transformação é realizada em tolerância à dúvida, que implica directamente a tolerância ao sentido de infinito. Há uma relação directa entre tolerância à dúvida e tolerância ao sentido de infinito. Sem esta dupla não há campo psicoterapêutico. Até podem existir outras coisas, mas não fazem parte do trabalho que vos é proposto.

Mitos Públicos e Mitos Privados

O sistema mítico narrativo pressupõe um mito que é fundante, originário. O mito de Édipo (o mito típico da indagação), que representa o sujeito que quer saber de si, doa o que doer; o mito de Babel (o mito da confusão

---

[21] BION, W.R. (1992). *Cogitations*. (Edited by F.Bion). London: Karnac Books.

52 Teoria das Transformações

de línguas, ou seja, línguas entrecruzam-se transformando em incompreensível aquilo que é comunicado entre pacientes e o analista ou pacientes e a realidade ou o Outro) e o mito da Fénix (o mito do sujeito que renasce das suas próprias cinzas). O lugar mais representativo do mito da Fénix é a alternância maníaco-depressiva, em que o sujeito renasce da própria cinza da depressão com o sentimento que é desta vez que nasceu ou foi desta vez que morreu, quando renasce para a depressão. Não tem memória de experiência do tempo em si mesmo, porque o paciente vive como se vivia nas sociedades primitivas; ou seja, a Primavera não contempla o Inverno e o Inverno não contempla a Primavera. Este mito não é exclusivo dos maníaco-depressivos, é muito frequente o sentimento de «renascer das próprias cinzas, e renascer da sua própria destruição».

Reparem nos aforismos do processo analítico até agora enunciados:

«Sim-mas...»;

«Dê-me o seu sintoma que eu dou-lhe o seu mito»;

e agora: «Dou-lhe três versões do mito; escolha a sua».

Efeitos de uma variável desconhecida

O que é que é o mito? O mito é o sonho da humanidade. E o que é que é o sonho? É o mito da humanidade retomada sobre a forma do mito pessoal. Nós estamos condenados, como no eterno retorno nietzsheano, a repetir os mitos que estão antes de nós e os mitos que continuarão depois de nós. Esta peculiaridade humana levanta um problema curioso. Nas «Brasilian Lectures»[22] Bion diz-nos que Phi (ξ) é uma variável desconhecida e que permanece desconhecida. É por isso também fonte de perturbação e turbulência. As pessoas e as suas acções (científicas, artísticas e filosóficas) são apenas factótuns[23] de *phi* (ξ) e nada mais. Todos nós somos factótuns duma variável desconhecida que permanece desconhecida e que é uma fonte de turbulência. Esta é uma ideia dramática: é que cada um de nós não é um sujeito que pensa, é um sujeito pensado pelo seu próprio pensamento ou pelo pensamento em si. O que nos deixa abandonados. Freud deu a «terceira machadada» no nar-

---

[22] Bion, W.R. (1973). *Bion's Brazilian Lectures 1*. Rio de Janeiro: Imago Editora. [Reprinted in one volume London: Karnac Books 1990].

Bion, W. R. (1974). *Bion's Brazilian Lectures 2*. Rio de Janeiro: Imago Editora. [Reprinted in one volume London: Karnac Books 1990].

[23] Factótum: «faz-tudo», administrador, mordomo. Origem latina *fac totum*, «faz-tudo».

cisismo humano. Se a primeira foi «dada» por Galileu, que dizia que a terra anda à volta do sol e não o sol à volta da terra; e a segunda com Darwin, com a sua demonstração de que o Homem não era simplesmente um ser inteligente feito à imagem e semelhança de Deus, mas era tão somente uma evolução do primata; a terceira foi dada por Freud, ao descobrir que afinal o homem já não é o centro de si, porque o centro de si está no: «penso onde não existo e existo onde não penso».

Pensar ou ser pensado pelos próprios pensamentos?

Porém Bion acrescentou ainda um outro factor: é quando as pessoas pensam que pensam, não estão a pensar, estão a ser pensadas. Esta é também ela uma ideia turbulenta. De facto percebermos esta noção, clarificada em seguida através do discurso directo – «quando você pensa que pensa, apenas está a *dis-pensar* o pensamento» – é uma ideia turbulenta. Na realidade quando se *dis-pensa* o pensamento, está a resistir-se a qualquer coisa, resistir a ser pensado. A associação livre é a regra fundamental: «não faça juízos sobre os seus pensamentos, diga o que lhe passa sobre a cabeça». Ou seja, não interferir sob a forma de qualquer juízo sobre o discurso; e o que é isto se não deixarmos que os pensamentos nos procurem? Aquilo que Bion propõe é: «deixe que os seus pensamentos o pensem», é o mesmo que Freud diz com a regra da associação livre.

«Penso onde não sou e sou onde não penso»

Há contudo uma diferença; é que o sujeito mercê da técnica bioniana sabe e vai percebendo, pela sua barreira de contacto, que o *cogito ergo sum* é outra coisa: penso onde não sou e sou onde não penso. E é esta dinâmica que permite esta ideia do pensamento que procura um pensador, aquilo que Bion afirma como enigmático. Esta ideia do pensamento que procura um pensador para o pensar é qualquer coisa que fica evidente na formulação do acto terapêutico. E o sistema narrativo só pode mudar quando o sujeito autoriza o «sim-mas...»: «Ok, o seu pai bateu-lhe, mas não considerou que era uma coisa fantástica!?». «Sim, talvez. Ele não me batia a mim, batia no meu irmão», verbaliza em seguida o nosso paciente imaginário. E depois, fazendo girar o ponto de observação: «Sim, o seu pai batia no seu irmão! Mas isso era terrível para si!» E o nosso paciente imaginário perguntaria: «Mas porquê terrível? Isso não me deveria deixar contente?». E o analista prossegue: «Não, porque o seu irmão ao ser batido era aquele que o seu pai preferia porque o educava à semelhança dele».

54 Teoria das Transformações

Este exemplo está baseado na análise que fiz ao texto de Freud «Uma criança é batida»[24], texto esse que nos permite compreender que quando um irmão é batido, não é o lugar do sadismo do sujeito – isto, é, gostar de ver o outro a ser batido – mas o lugar do masoquismo do sujeito: «como eu gostaria de estar no lugar daquele que é batido, porque esse é o lugar preferencial do meu pai».

Para além do sadismo: ver não é ser

Esta mudança da estrutura narrativa é aquilo que permite perceber muitas coisas que o paciente não entente. Este paciente imaginário parece ter uma fantasia sádica: «Eu adorava ver o meu irmão a ser batido pelo meu pai». Mas o que é que isto esconde? Freud fala até em três tempos da organização desta fantasia: «adoro fantasiar eroticamente ver alguém a ser batido»; «na infância adorava ver o meu irmão/irmã a ser batido» e por último, aquele que era batido era preferencialmente o preferido do meu pai». Então porque é que não era o próprio a ser batido? O discurso de Freud remete de forma radical para um outro desejo e o pensamento que é consequente à interpretação muda o mito. E é esta mudança de narrativa, do mito, que muda o sujeito.

Pré-Concepções

TABELA 5 – *Bré-Concepções*

	Hipótese Definitória	Enunciado Falso	Notação	Atenção	Indagação	Decisão	Acção	...n
...								
Pré-concepção E	E1	E2	E3	E4	E5		E7	
...								

---

[24] Amaral Dias, C. (2005). Uma criança é batida (1919) in *Freud para Além de Freud*, Vol. II. Lisboa Climepsi.

Função à procura de argumento

Também aqui isolo a decisão. Uma pré-concepção é pura e simplesmente uma expectativa vazia. É o que Bion chama um *functor*, para utilizar a linguagem da filosofia analítica de Wittgenstein, de Frege[25] e de outros. Um functor é uma função à procura de um argumento. E o analista também é uma função que procura um argumento, com a característica de o fazer através de um sistema reticular vazio emalhado pela emoção. Um retículo é uma espécie de manga de casaco, que está vazia. Se alguém colocar um braço dentro da manga, o *functor* – o retículo vazio, a manga – passa a ter um argumento, que é o braço que está lá dentro. O que é que constitui a malha do retículo? A emoção. É por isso que quando Freud fala da neutralidade benévola, ele não fala de neutralidade, até porque *benévolo* remete a bem-vindo: «És bem-vindo à minha neutralidade».

Numa carta que escreve a Ferenczi, Freud diz algo engraçado: organizei um conjunto de regras que explicam o que é que um analista não deve fazer. Agora imagine que há um imenso número de seguidores meus que confundem o que não se deve fazer com o que se deve fazer. Esta é uma verdade impressionante. Há um número imenso de psicanalistas que acham que se deve fazer o que não se deve fazer. Supõe-se que as pessoas não façam um conjunto de coisas. Mas não é suposto que isso constitua uma análise ou psicoterapia. Freud continua a dizer que uma análise é apenas uma comunicação entre humanos ou, no original, uma *lebensraum*, que se pode traduzir literalmente por um «espaço de vida». É claro que a maior parte das pessoas que praticam este trabalho precisam ser sujeitos a uma espécie de aprendizagem para perceberem que aquilo que não devem fazer não é aquilo que devem fazer. Muitos e muitos colegas reificaram aquilo que Freud propôs como forma daquilo que se deve fazer. Isso é como um functor não emalhado pela emoção. Benévolos repõe «bem-vindo sejas».

Mas essa emoção que faz o retículo, o retículo vazio, que faz o functor, tem uma característica curiosa no processo analítico: é que no functor mergulha-se um braço, ou seja, o «argumento» do paciente. E assim passa a ser o braço do paciente dentro do nosso *emalhamento*. A função do analista é a de servir como um lugar vazio para que o paciente ponha lá qualquer coisa. O analista serve de *emalhamento* – retículo vazio – onde se irá colocar dentro algo que vem do outro. É uma expectativa vazia. Bem-vindo mas com uma expectativa vazia. É mais difícil não esperar nada do que esperar algo. O que nós devemos transmitir é que, aconteça o que acontecer, tudo tem lugar.

---

[25] GOTTLOB FREGE (1848-1925), matemático, lógico e físico alemão.

56 Teoria das Transformações

Da parte do paciente – a expectativa vazia – é também o lugar de onde ele parte para uma relação terapêutica. Ele sofre, traz um mito ou uma narrativa sobre o seu sofrimento, porém ele sofre mas não sabe porque sofre. Se soubesse porque sofria não precisaria de vir ter connosco.

A metáfora de Bion para a primeira pré-concepção é o reflexo de sucção. Mas este não está ligado àquele mamilo, àquele seio, àquela mãe. O reflexo de sucção é uma expectativa vazia, espera um objecto. Espera um seio, mas não espera aquele seio. Quando algo vazio encontra algo, dá-se uma transformação da expectativa. É esta transformação da expectativa que cria uma concepção do objecto – a fila seguinte na tabela. À minha expectativa vazia corresponde um objecto, que me fornece alimento, interpretação, um sentido, enfim fornece algo!

A inveja é o lugar que mais satura a pré-concepção

Porém será que a nossa capacidade de acolher é suficiente? Pela metáfora de Bion compreende-se que o conceito de inveja de Klein é exactamente o contrário de acolhimento. Para Klein a inveja é aquilo que se organiza quando se tem uma percepção da dependência absoluta do objecto. E perante esta percepção inveja-se e ataca-se o objecto -inveja primária. A inveja primária é o lugar da dependência, da incapacidade de tolerar a dependência e a pessoa quer destruir o objecto da dependência para destruir dentro dela o sentimento da dependência.

Mas Bion pega na ideia de Klein e modifica-a. O que é que queres destruir com a inveja? É o seio que alimenta ou a boca que se quer alimentar do seio? É a boca que se quer alimentar. A inveja gera uma relação curiosa com a pré-concepção. Porque enche a pré-concepção: «eu não preciso da concepção do objecto porque estou preenchido por algo que não precisa do objecto – a inveja – um dos primeiros e mais importantes enunciados falsos sobre a pré-concepção é a inveja mas a inveja não destrói o objecto, destrói a boca que se quer alimentar do objecto. É impossível destruir o objecto. A inveja destrói o lugar onde se pode estar com o objecto, amar o objecto, conectar o objecto, significar o objecto, entrar em contacto com o objecto. Isto é a pré-concepção saturada.

Bion propõe a pré-concepção como $\Psi(\xi)$ por uma razão simples: $\Psi(\xi)$ quer dizer que uma parte da mente (podia ser *psi*, *alfa*, *beta*) é uma noção abstracta que significa a total saturação. Todos os mamíferos são seres «mamadores», mas nós somos os únicos que amamos o seio da mãe. Não se imagina uma girafa a amar, muito menos a odiar o seio da mãe, ou a não querer comer. A área da insaturação é específica da espécie humana.

Não há apenas reflexos de sucção, há uma expectativa vazia que será conectada pelo objecto. O objecto conecta a experiência emocional. Aqui Bion vai buscar claramente Klein, quando ele diz que a intolerância à dependência satura uma área normalmente insaturada da mente. A boca que não se quer alimentar impede que a parte insaturada da mente, a parte que pode conectar o objecto (a parte que pode ter uma relação com o outro), seja possível. Aquilo que mais satisfaz a pré-concepção é a inveja, porque satura o insaturado, impedindo a expectativa vazia de procurar o contacto com o objecto.

Na situação analítica, qual é a consequência mais directa da saturação? A reacção terapêutica negativa. No texto de Freud de 1924 intitulado «Os Problemas Económicos do Masoquismo»[26], Freud explica a reacção terapêutica negativa como surgindo devido à necessidade do sujeito de afirmar o seu masoquismo radical, impedindo-o de aceitar a transformação do masoquismo que o analista lhe propõe. E abandona a análise porque não quer abandonar o masoquismo que constitui a sua forma de vida.

A outra forma de compreender a inveja é baseando-me neste modelo saturaçãoinsaturação da expectativa vazia: «eu não vou depender de si, a minha boca não vai mais depender de si, porque não tolera mais essa ideia». Esta noção encontra-se na patologia *border*, no ataque à fusão com o objecto, na oscilação tímica (*timmos* – humor) entre o desejo da dependência e o ataque brutal à dependência, quando a boca se fecha à nutrição do objecto. É uma expectativa vazia que oscila entre saturação pela inveja e a intolerância à insaturação, pela dependência que esta implica. E é isso que é próprio da expectativa vazia na patologia *border*, enquanto que na patologia psicótica aquilo que se encontra é; ou uma boca que não se quer alimentar, ou então a boca ávida que, por muito que se alimente, nunca fica satisfeita. Esta última acepção caracteriza a noção que Klein denominava de avidez e voracidade. É como um «poço sem fundo»: quanto mais se recebe mais se precisa de receber, porque há uma impossibilidade de conter, não há uma experiência da continência aquilo que vem do objecto ou àquilo que vem de dentro do próprio.

Quando a inveja predomina, a boca que não se quer alimentar, tudo o que se passa é da ordem do *horribilis*. Vejam a tragédia Macbeth, que começa pela relação radical estabelecida entre o sujeito e as bruxas que se encontram nas árvores. Estas predestinam a Macbeth um fim trágico que é movido pela inveja. *Invedere* significa não ver e não destruir o que se vê. É o sujeito que não vê o objecto e assim não vê também a dependência do objecto.

---

[26] FREUD, S. (1924). *Os aspectos económicos do masoquismo*. In Obras psicológicas completas de Sigmund Freud (SBS). Rio de Janeiro: Imago, 1996.

58 Teoria das Transformações

Mas a pré-concepção também pode evoluir e há muitas formas da pré--concepção evoluir. Quando a pré-concepção evolui ela transforma-se. Há um acto transformativo. O contacto com o objecto da concepção transforma a pré-concepção no aparelho préconceptual.

Bion formula o aparelho pré-conceptual desta forma: Ψ ($\Psi'(\xi)$). O que é que é este Ψ' que fica entre a área insaturada e saturada da mente? É o lugar onde o objecto entra na expectativa vazia e permite a transformação num aparelho pré-conceptual que é um aparelho apto à transformação das concepções em conceitos.

O dogma – alienação do vinculo L

O «aparelho dogmático» é um aparelho apto à produção de conceitos, mas que ainda não produziu concepções. Quando um aparelho pré-conceptual se fixa sob esta forma, temos o caso típico do pensamento dogmático. O dogma é o lugar no catolicismo para fé. A trindade ou o dogma da virgindade da mãe de nossa senhora, foi atribuído a um falso profeta, *Lucius,* porque nunca existiu (foi inventado por Pio X). Vejam a vantagem do mito de Labdacos, Laios e Édipo, onde se organiza o sujeito simbólico da castração. No mito da «virgem concebida sem pecado», o que se organiza é um desmentido da relação fundamental que é uma relação do vínculo L com o objecto real. A análise é o único lugar onde se engravida pelos ouvidos, homens e mulheres.

Porque é que há dois grandes mitos que organizam as duas grandes religiões monoteístas? Abraão tem um filho de Agar, que é escrava, porque Sara – sua mulher legítima -não lhe pode dar um filho. Esse rapaz chama-se Ismael. Sara autoriza e dizlhe: «eu não consigo engravidar» e tudo ficou bem. Até que Sara, já velha, engravida e nasce Isaac. Com o nascimento de Isaac acontece que Sara ordena à escrava e a seu filho Ismael a fugir. É deste povo mítico errático e nómada que nascem os povos árabes. É por isso que os ismaelitas (Aga khan é um descendente directo de Ismael bem como todos os ismaelitas) são um povo de filho sem pai. Na doutrina judaica é o pai que mata o filho. Abraão vai matar o seu filho a pedido de Deus, que lhe segura entretanto a mão e diz-lhe que a partir de hoje nenhum homem mate outro homem, mas que isso seja substituído pelo sacrifício de um animal.

Antes de Freud ter escrito o «Totem e Tabu» já Abraão e Isaac tinham resolvido em parte o problema. Não te mato mas mato alguma coisa em teu nome. Há aqui uma sexualidade radical vivida de formas diferentes: uma com o pai – o judeu – e o território sem pai, o território árabe. A cultura árabe é água, terra e luz, e isto é a terra-mãe, uma terra primordial com os elementos primordiais da terra.

Os cristãos resolveram da seguinte forma: «cozer» a vagina das senhoras, como Marquês de Sade propõe em «Justine ou os infortúnios da virtude»[27]. Quando se propõe

o mito de Nossa Senhora, está-se a atacar um vínculo. No lugar de um Édipo, isto é, em vez de um filho que nasce para confrontar o pai (na dialéctica amor-morte do parricídio), o mais que é possível é organizar um mito masoquista: «pai porque é que te esqueceste de mim». Ou seja, a religião católica inverte a questão judaica. No lugar da morte do pai, aparece a morte do filho. E é a morte do filho que é interdita por Deus a Abraão que agora é proposta na questão católica e em consequência disso há um exorcismo da sexualidade da mãe, que aparece assim dessexualizada pelo mito da virgem mãe.

Mas há uma função neste mito, a alienação do vínculo L. O que é que é um pénis, do ponto de vista anatómico? É um órgão que liga. Um pénis na relação erótica não é do homem nem da mulher, é de ambos... É o lugar onde o vínculo L se estabelece na relação homem-mulher. A virgem mãe é uma *dessubjectivação* do vínculo L pela proposta do L-. Mas satisfaz a pré--concepção, porque não precisa de pénis algum, pois o vínculo fica realizado com um objecto inalcançável. Reparem nesta expressão popular portuguesa: «boca do corpo». O que é que acontece quando essa boca não se quer alimentar? Aliena-se o vínculo. Esta alienação tem como função desmentir a necessidade da dependência.

De facto só existe mulher e só existe homem nessa condição platónica, personificada pelo mito do Andrógina, cuja história nos diz que Andrógino poisou num machado que o dividiu em macho e a fêmea. A relação amorosa é um encontro que fundamenta o fantasma da completude: é aquilo que os gregos chamavam a *sugcrásis*, isto é, a fusão dos seres pelo acto amoroso. Ora o que é que acontece quando uma pessoa desmente algo, o pénis ou a vagina? Cria-se um pénis ou uma vagina que não se quer alimentar. Há muitas formas de expectativa vazia.

Interveniente – Em termos civilizacionais, porquê?

Naquela altura, das três uma: ou se era judeu, ou se tenta reparar o fantasma originário (como Maomé que criou a poligamia para reparar o fantasma de origem ou, de forma metafórica, tentou ficar com Agar e Sara) ou pensa-se num Deus que só é concebível neste curto-circuito radical com a sexualidade, que é aquilo que eu penso que satisfaz um fantasma de origem que é a pré-concepção, que desmente a necessidade do outro para nos completarmos.

---

[27] SADE, Marques de. (1998). Justine ou os infortúnios da virtude. Lisboa: Europa-América.

60 TEORIA DAS TRANSFORMAÇÕES

O que é então o ascetismo na adolescência? É o desmentido do objecto real pela união com o objecto ideal. Santa Teresa de Ávila dizia a propósito dessa relação com o objecto ideal: «eu morro porque não morro». Se ela morresse, eliminaria imediatamente o objecto ideal. O objecto ideal nestas pessoas cumpre o lugar da expectativa vazia do objecto edípico, segundo formulação de Bion designa-se assim: $\Psi\Delta\phi$ [psi(triangulação)phi].

Há uma triangulação pai, mãe, filho ou filha que se vai interpolar entre a área saturada e a área insaturada da pulsão erótica. E com o Édipo, instala-se de forma radical. Quando não existe a triangulação, há uma ideia, objecto ideal e não real, isso desmente o vínculo. Uma das formas de satisfazer a pré-concepção ligada à pulsão erótica é o ascetismo, outra é a promiscuidade. Não importa qual é o objecto, não há mais objectos substitutos da cadeia objectal da qual falei anteriormente, não há triangulação no meio. No lugar do $\Psi(\phi)$ *eróticus*, o que existe é $\Psi\Delta\phi$ ou um $\Psi\phi$. Se o objecto que é interpolado no meio, o Ψ', não é um objecto da triangulação edipiano: é um objecto de resolução do desamparo. É a diferença entre um objecto da necessidade e um objecto do desejo. Um objecto da necessidade preenche uma pré-concepção; um objecto do desejo, organiza-se a partir do conceito. O objecto da necessidade é um objecto dogmático, há um dogma. Não há como interrogar um objecto do dogma, o pensamento é dogmático e logo satisfaz a forma de funcionamento do sujeito. O dogma é correspondente ao preenchimento do enunciado falso.

Exemplo: «a minha mãe era uma mulher acima de toda a suspeita, compreendiame melhor que ninguém, eu não admito que o Sr. me venha levantar questões sobre a minha mãe. Ah, eu sei que os psicanalistas têm a mania das mães e dos pais! Eu não admito que toque na minha». Esta é uma pessoa que tem dentro de si uma mãe *bibelô*, que basta um toque para se partir. Por isso tem muito de ser protegida. Guarda-se a mãe porque não se lhe pode tocar. É o lugar da intocabilidade do objecto que cria o dogma sobre o objecto. A relação com o objecto é dogmática porque o objecto é intratável. Não pode ser ressignificado pela experiência devido ao medo do desabamento mental. Se aquele pilar que foi construído – a mãe fantástica – desaba, tudo desaba!

O psicoterapeuta tem de levar isso em linha de conta pois, como Bion diz, uma coisa é a interpretação, outra é a tolerância à interpretação. Mas é evidente que uma pessoa que diz isso não quer submeter esta mãe, cuja expectativa da pré-concepção se transformou numa concepção resistente, à área da atenção, notação e indagação. Não quer notar nada sobre a mãe. A mãe está *sobrenotada*.

Tocar um pensamento intocável
(o pensamento dogmático)

Como é que se entra em contacto com um pensamento dogmático? Quem tem um pensamento dogmático tem coisas curiosas. Quem é pobre poupa, quem é rico gasta. Com os objectos internos é o mesmo.

Uma das vias para lá chegar é conectar com o sentimento de culpa. Para colocar o pensamento dogmático na área da notação, é preciso que a pessoa entenda que o enunciado falso foi construído pelo medo de destruir, de conhecer, aquele pedaço de objecto que está dentro dela. A razão pela qual estes objectos são intocáveis, é por medo de destruir aquele pedaço de objecto. A primeira coisa que se fala não é do objecto, mas da intolerância ao contacto com uma experiência agressiva com esse objecto. Entra-se em contacto com o pensamento dogmático pela área da intolerância à dúvida. Antes que a pessoa duvide deve perceber porque é que é intolerante a tolerar. Este lugar é fundamental para que a pessoa pense, organize, realize, etc., a relação com estes objectos que são objectos *bibelô*. É pelo levantar da questão ao sujeito sobre a sua intolerância. A primeira notação é o dogma sobre o objecto.

Concepção

As concepções são um tema que domina o mundo dos pacientes psicóticos. Estes estão povoados de concepção, porque na sua actividade mental articulam a concepção com beta. O conceito é um elemento que resulta da não-coisa. Klein e Segal distinguem entre equação simbólica e função simbólica, defendendo que o símbolo é diferente do simbolizado na função simbólica e é igual na equação simbólica.

Freud mostra outra coisa essencial no texto «Para além do princípio do prazer»[28] (1920). As palavras *fort-da*, quando da substituição da ida e vinda da mãe, pelo jogo da bobine, passaram a ser a morte do objecto real, pois permitem pela comunicação simbólica lidar com o conceito de ida e vinda e de abandono. Lacan referia que a palavra é a morte da coisa. Bion fala da não-coisa. Este é um maior denominador comum e fundamental.

Um paciente que tem uma parte psicótica da mente em acção não tem conceitos. Em vez de pensamentos (conceitos) ele tem concepções. Já falamos do pensamento dogmático, típico do funcionamento depressivo, em que

---

[28] FREUD, S. (1920). *Além do Princípio do Prazer* In Obras psicológicas completas de Sigmund Freud (SBS). Rio de Janeiro: Imago, 1996.

62 TEORIA DAS TRANSFORMAÇÕES

o objecto é intocável, é idealizado para se manter intocável; reparem neste exemplo anterior: é virgem-mãe porque não pode ser mãe. Aqui, no lugar do pensamento, está uma concepção que retorna a um elemento perceptivo e toma esse elemento perceptivo como concepção, embora revertido a um elemento Beta. É a reversão da função ou da perspectiva.

Conceito

A pessoa que consegue criar um conceito, consegue transformar uma concepção. Consegue através da modificação da frustração produzir uma relação com o objecto da concepção e, ao modificá-la, consegue criar o objecto do pensamento. No texto «A theory of thinking»[29], onde é detalhadamente explicada a passagem da pré-concepção à concepção e posteriormente ao conceito, Bion explica que a produção de um conceito está relacionada não a um pensamento sobre algo, não a um pensamento sobre o seio, mas a um pensamento sobre o «*não*-seio», sobre o «*não*-algo» ou «*não*-qualquer coisa». O pensamento existe sobre o «*não*-algo», o «*não*-objecto», a «*não*--coisa». É nesta ausência da *coisa* que a relação do sujeito com esse algo ou coisa pode ser modelada, modificada. Freud, no texto 1912 já referido («A dinâmica transferência») fala da insatisfação ligada à frustração. Nesta altura, pensava que a transferência provinha de uma insatisfação provocada pela frustração. Bion toma esta ideia de Freud de frustração e a de Klein da intolerância à frustração.

«*In satisfatio*» significa que nunca se faz o bastante. *Satis*, é um quanto, uma quantidade necessária. A insatisfação da frustração é algo que está ligado à dinâmica da transferência, diz-nos Freud. Bion propõe-nos algo diferente: nem é intolerância ligada à frustração nem insatisfação ligada à frustração mas a modificação da frustração. Mais uma vez ele fala de transformação.

Como se transforma e modifica a frustração?

Como se transforma e modifica a frustração? É a questão que determina o modelo bioniano. A resposta de Bion é inicialmente kleiniana, pois para haver a possibilidade de transformar a frustração, é preciso que tenham predominado, no momento em que se constituem as concepções, experiências

---

[29] Bion, Wilfred A theory of thinking, *International Journal of Psychoanalysis* 43: 306-10; republished (1967) in W.R. Bion, Second Thoughts. London: Heinemann.

gratificantes sobre as frustrantes. É esta predominância que viabiliza a modificação da frustração.

Este ideia não está ligada aos autores do *midle group*, aqueles que não eram nem kleinianos nem bionianos, como por exemplo Winnicott, Guntrip, Fairbairn. Bion não tem uma posição no meio, o que ele faz é uma outra coisa em cima dos modelos prévios. Neste exemplo, ele diz que a gratificação é o suporte, o motor para a modificação da frustração. A gratificação não é uma coisa em si mesma, é um motor para a modificação da frustração.

Na relação de campo analítico, a modificação da frustração faz-se pela capacidade que o analista tem de gratificar o paciente a nível da expectativa vazia, articulando-a pela ressignificação que se opera no interior do campo analítico. Portanto o conceito, que é uma coisa ligada ao não-objecto, opõe-se às concepções. As concepções são objectos que ocupam o lugar de pensamentos. Os conceitos são pensamentos que estão ligados aos não-objectos.

Pensar é criar subjectus (subjectivar o objecto); criar uma ausência na presença

Pensar é não objectalizar, e aqui o modelo de Bion afasta-se do modelo kleiniano, onde pensar é objectalizar. Pensar é, do nosso ponto de vista, criar *subjectus*, um subjectivo do objecto, no lugar do sujeito ou do objecto. Propõe-se assim a existência de um *subjecto*, qualquer coisa que resulta dessa relação que se cria no interior do sujeito sob a forma de um pensamento a respeito de algo. Pensar implica presença de um sujeito e de um objecto e a resultante da presença do não-sujeito e do não-objecto é um *subjecto* e isto é um pensamento propriamente dito. Só se pode pensar na tolerância à dúvida. O que é tolerar a dúvida? É justamente fazer girar permanentemente a modificação da frustração para criar pensamentos em cima de pensamentos.

Fanatismo; patologia da conceptualização

Qual é a patologia maior dos conceitos, além das patologias que não podem criar conceitos (já referidas anteriormente como psicoses)? É o pensamento fanático. *Fanos* quer dizer templo. Fanático é o que pertence a um templo. Um pensamento fanático é um enunciado falso sobre uma hipótese definitória.

Por exemplo: existem várias raças humanas. Há uma hipótese definitória de que existem várias raças. O pensamento fanático parte desta suposição para dizer que os negros não são iguais aos brancos. Um racista tem um pensamento fanático, pois parte de uma hipótese definitória para criar um

64 Teoria das Transformações

enunciado falso. Isto vale tanto para fora como para dentro. Aquele que organiza um pensamento fanático em análise é aquele que se mostra intransigente à experiência transformativa que está presente no campo psicanalítico.

Exemplo de um caso de uma pessoa fanática: «tenho uma história para contar da minha vida» e ocupa duas sessões a contar a história e depois diz: «já disse tudo». Ou seja, esta analisanda manifesta ter um fanatismo sobre o pensamento, que não quer transformar nada. Há um *fanos*, uma pertença a um templo que não admite transformação.

Passar do templo à contemplação

O analista tem de tirar o sujeito do templo. Como? Como é que se passa do templo à contemplação? Há os templários (os que pertencem aos templos) e os *comtemplários (do latim comtemplare)*, que são aqueles que saem do templo e olham para o templo, contemplando-o. Não é por acaso que os templários andavam «armados até aos dentes». Tirar um sujeito de um templo implica a capacidade de levar o sujeito a poder lidar com a turbulência que gera uma mudança.

Toda a mudança gera turbulência. Podemos dividir a turbulência em précatastrófica, catastrófica e pós-catastrófica. A pré-catastrófica observa-se quando o paciente e analista (ou psicoterapeuta) sentem que algo está a começar a ser tocado. A catastrófica acontece quando algo é tocado. E o pós-catastrófica é quando a poeira assenta e assim termina o ciclo da transformação.

Nestes pacientes (imediatamente acima descritos), o que mais importa é a violência pré-catastrófica. Muito mais que qualquer outra coisa importa o lugar em que a pré-catástrofe se pode instalar suavemente.

Exemplo: um caso de uma mulher que tem uma visão do mundo e da realidade da qual não abdica. É completamente fanática relativamente às suas convicções. Há contudo uma invariante – o ser dependente (ela refere ser dependente do pai, do marido e comenta que não pode fazer nada sem eles). Refere que toda esta dependência é verdadeira. Não pensa que é um problema, a paciente não consegue pensar que há uma saída para o problema; e este é que é o problema. Para a paciente o problema é se a vida não lhe oferece uma oportunidade de ela se manter dependente. Ora esta paciente é uma fanática, pertence a um templo, um *fanos*. A paciente está à cerca de três anos com uma supervisanda minha e ainda não começou a sair do templo. A turbulência précatastrófica é tão alta que o cuidado que a analista põe nesta paciente é um olhar constante para procurar uma autorização à turbulência gerada pela mudança de perspectiva.

Neste grupo não se incluem apenas os racistas. Também os perversos e todos os traficantes do desmentido. Todos eles têm pensamento fanático.

Aqueles que traficam o desmentido são por exemplo um sádico e um masoquista. Aqui o tráfico é sobre a dependência. Não pode haver sádico sem masoquista, nem masoquista sem sádico, ambos desmentem a dependência um do outro. O traficante do desmentido é feito sobre a égide da perversão. Os toxicodependentes são muitas vezes traficantes do desmentido.

TEORIA DOS VÍNCULOS: L, H e K

Bion tem sobre os vínculos uma ideia completamente diferente dos autores anteriores. Bowlby considera que os vínculos são psicobiológicos. Bion fala dos vínculos como funcionando quer a nível intrapessoal, ligando partes do *self*, quer a nível interpessoal, ligando-se a outras pessoas. Os vínculos são enunciados como L, H e K.

Os vínculos têm de ser expressos com um sinal de *exponenciação*, tal como expliquei no meu livro, «Só Deus em mim se opõe a Deus», porque a intenção é expandir um vínculo. Não se coloca simplesmente amor, ódio e conhecimento porque o objectivo é falar destes elementos de forma abstracta e por isso mais abrangente. A representação é então a seguinte:]L-;L+[,] H-,H+[e]K-,K+[.

A palavra é a morte da coisa

Quando se lê o texto já referido «Moisés e o Monoteísmo», principalmente quando se compreende a passagem da escrita hieroglífica egípcia ou cuneiforme, às escritas criadas metaforicamente à volta do Monte Sinai, e se sabe que esta escrita se tornou depois numa linguagem escrita fonética, percebe-se a evolução da linguagem. Primeiro começou por designar-se as coisas a partir do primeiro som: olha-se para os hieróglifos e dizia-se um som: *pom*, por exemplo. Só posteriormente o *p*. Ou seja, o fonema resultou da morte da coisa.

É por isto que a palavra é pai e o sensório é mãe. Porque a palavra organiza-se como o grande separador da *coisa*. Para que se entre em contacto com um Deus sem imagem – o deus hebraico – é preciso abdicar da escrita cuneiforme ou da hieroglífica. Ou seja é o monoteísmo como abstracção pura de um Deus não visto, sem imagem, que gera a linguagem fonética.

68 Teoria das Transformações

Quando falo de amor, ódio e conhecimento falo de vínculos, conquanto não sejam os vínculos no sentido de Bowlby, porque isso é uma outra teoria sobre o vínculo. Falo de vínculos intrapessoais e interpessoais que organizam quer a relação entre partes do *self*, quer a relação aos objectos. Bion fundamenta esta noção na teoria kleiniana, principalmente aquela que é desenvolvida por Melanie Klein no seu livro intitulado «Amor, ódio e reparação».[30]

O novo vínculo (K) e a reinscrição das emoções na historicidade e temporalidade

O que Bion realiza com esta noção é muito interessante. Em primeiro lugar Bion acrescenta um vínculo ao modelo de Klein dos afectos – o vínculo do conhecimento. Do modelo kleiniano vai buscar o amor ao bom objecto e ódio ao mau objecto, e reintrodulo no modelo freudiano, que é o modelo da temporalidade: «não basta amar e odiar, tens de saber porque é que odeias, de que forma odeias, o que é que odeias e em nome de quê é que odeias». Ele transforma o sistema binário kleiniano (as suas categorias vinculares e emocionais) num sistema ternário e repõe igualmente a historicidade e temporalidade teorizada por Freud. Este é um modelo misturado mas que nos remete para um outro tipo de pensamento.

Os sinais mais (+) e menos (-) são formas de qualificar o vínculo: no mais há vinculação, no menos há desvinculação. Vejamos um exemplo. Denomina-se frequentemente por *covertly rejecting mothers* às mães hiperprotectoras mas que escondem uma rejeição pelos seus filhos. Trata-se de um L-puro. Também está presente nos lugares que o sujeito não entende (porque não lhe foi possível ou porque não foi capaz) que a separação é o lugar da verdadeira caminhada.

Navegar para um novo mundo

Tendo este ponto de vista, o nosso objectivo na vida e perante os nossos pacientes é ser como Pedro Álvares Cabral, Vasco da Gama, Cristóvão Colombo, etc.. Eles deram novos mundo ao mundo, eles saíram, partiram e abandonaram o território do passado. Saíram de Tebas. Temos de transfor-

---

[30] Klein, M. & Riviere, J. (1953). *Love, Hate and Reparation: Two lectures by Melanie Klein and Joan Riviere*. London: Hogarth.

mar os nossos pacientes num navegador no tempo das descobertas. E este pode ser mais um aforismo.

Mas nesta receita, apesar de Bion considerar as emoções amor e ódio, é apenas pelo vínculo K (conhecimento) que é possível a transformação. O conhecimento é um transformador de vínculos. E isto é fundamental numa relação terapêutica. Nos modelos bionianos não existem transferências negativas, positivas, amorosas, eróticas, odiosas, etc.. O que existe é qualquer coisa que vem do nosso interior e que pode ser vertido numa transformação que permita a comunicação do paciente connosco.

O vínculo para a transformação é o K$^+$

Recentemente foi-me apresentado em supervisão um paciente curioso. O paciente chega quando faltam dez minutos para acabar a sessão. Quando acaba a sessão fica sentado na sala de espera. O que ele está a organizar é uma relação que desconstitui o analista no vínculo L. Ao chegar tarde, ele teve 35 m de vazio da analista. Em 10m diz-lhe que não lhe chega o que a analista deu. E depois na sala de espera fica esfomeado à espera que a analista lhe dê alguma coisa, por que não lhe deu nada. Através de um sistema muito simples, o analisando cria um vínculo insuportável.

Com uma paciente minha, que quase nada me trazia dela para as sessões, por vezes apenas uns fragmentos de sonho aos quais ela nada acrescentava, suscitou-me a ideia que ela não queria perceber nada do que se passava com ela. Perguntei-lhe: mas você está interessada em estar aqui ou em perceber alguma coisa do que se passa consigo? E ela responde-me que apenas estava interessada em estar ali. Aqui ficou evidente que ela não tinha interesse em crescer com L. O L da paciente era L$^-$, o que implica também um K$^-$; pois L-não é um vínculo que permita o crescimento. E K também dá L$^-$ e H$^-$.

Há uma interacção permanente entre L, H e K (amor, ódio e conhecimento). De modo que se se mudar uma variável a probabilidade de mudar o sistema ternário é muito maior. Ampliar o conhecimento *sobre*, desintoxicar uma emoção primitiva. Este é aparentemente um modelo kleiniano; conectar a experiência do ódio e devolvê-lo de uma forma mais tolerável ao paciente. Mas Bion também diz para introduzir o vínculo do conhecimento para que o paciente possa olhar para o vínculo K e para o vínculo L. Se houver mais K, a probabilidade de transformação de L e H aumenta. Então este modelo não é um modelo do sujeito, é um modelo de campo. Se houver mais K da parte do analista, mas sem capacidade de transformar o K do paciente, não adianta. Compreender um problema sem ter capacidade de comunicar ao paciente esse entendimento, de uma forma que o permita crescer, não adianta nada. É preciso possibilitar que este sistema entre em transformação e em rotação.

70 Teoria das Transformações

Bion, tal como Freud, preocupa-se com o conhecimento, isto é, teorias explicativas, historicidade, temporalidade, etc.. Mas também se preocupa com o amor e o ódio, tal como Klein. Enquanto que para Klein o ódio era mau e o amor bom, de forma bem diferenciada, Bion vem dizer que o amor pode ser mau e o ódio pode ser bom. Só que Bion amplia estas emoções. Por exemplo, na adolescência há um ódio positivo à família, para poder sair. O adolescente precisa de odiar o mundo de onde vem, o mundo onde está; para poder sair e ir à procura do seu próprio mundo. Acresce ainda que Bion dizia que o ódio positivo estava ligado à transformação, à separação, ao crescimento. Aliás, do meu ponto de vista não pode haver crescimento sem ódio positivo: o H^+ está ligado não só ao crescimento como também à relação com a realidade interna e externa.

O paciente esquizofrénico tem de ter um ódio à parte dele destrutiva, violenta, que liquida a sua relação com os objectos, liquida a sua relação com o próprio, liquida a capacidade de pensar. Se o paciente esquizofrénico não tem ódio positivo à sua parte psicótica, a partir da sua parte não psicótica, o paciente não muda.

Modelo transformativo: interpretação I, H e K (sistema mítico-narrativo)

A história do sujeito, o sistema mítico-narrativo do sujeito tem de estar na articulação entre amor, ódio e conhecimento. Onde se fala do sistema mítico-narrativo? Em K. A interpretação cria uma mudança de sentido na relação entre a história que é conhecida, o vínculo que é proposto e aquilo que renasce da relação entre o vínculo proposto e o conhecimento obtido. E este é que é o modelo transformativo que Bion nos propõe.

Freud tinha ao seu dispor um conjunto de enunciados teóricos gerais e singulares. Uma teoria singular: «você era o preferido da sua mãe, depois nasceu um irmãozito, e ficou tão decepcionado com a sua mãe que se virou para o seu pai».

O ser preferido pela mãe porque não havia mais nenhum irmão e o facto de ter nascido um irmão, são teorias de grau um, são teorias singulares. A ideia construída depois do nascimento do irmão, isto é, que o paciente se sentiu abandonado e decepcionado, já é uma teoria geral, um modelo explicativo geral. Neste caso, refere-se ao sentimento de perca de objecto e sentimento de abandono. Consequentemente, voltou-se para o seu pai. Mais uma vez um enunciado geral – mudança de objecto em função da perca. Um enunciado psicanalítico em Freud conjuga enunciados empíricos singulares que dependem da história do sujeito, com enunciados teóricos gerais que são articulações entre as teorias psicanalíticas e os modelos empíricos da escola onde eles nascem.

Temos um modelo empírico, que são os factos que se passam na vida das pessoas. Temos a interpolação das teorias explicativas. É a interpretação das teorias explicativas mais os factos singulares, que criam a articulação entre os factos empíricos singulares e as teorias gerais: é este o processo interpretativo de Freud, porque para ele a interpretação nunca deixa de conter uma teoria. Uma teoria é *teorein*; olhar e ver. A teoria significa que se olha e que se vê. Olhar e ver é a capacidade de ver por outro lado. As teorias psicanalíticas são teorias que geram K.

No mesmo exemplo que foi dado para Freud, pensamos agora na forma e enunciação de Bion. «Você é o preferido da sua mãe», enunciado em L. «Nasceu um irmão e você sentiu-se defraudado e abandonado pela sua mãe», enunciado em H. Há H e L sem K? As teorias gerais articulam os factos empíricos singulares. E é esta articulação que constitui o próprio da interpretação psicanalítica. Por isso o que Bion faz é expandir a questão de Freud e ligá-la com o modelo kleiniano. Ligar com as emoções que Klein considera o motor principal do processo analítico e rearticulá-las com o modelo de Freud. É por isso que Bion dá grande importância ao texto de Freud de 1911 intitulado: «Formulação de dois princípios de funcionamento mental»[31].

Neste texto compara-se o princípio do prazer e o princípio da realidade, o como é que se passa de um para o outro e também o como da fantasia ocupar o lugar da realidade, ou o de uma realidade ocupar o lugar da fantasia. Como é que uma fantasia pode ser tomada como uma realidade e agir de acordo com a realidade? Este sistema tem de perder a rigidez. Isto articula-se na relação continente-conteúdo.

---

[31] FREUD, S. (1911). *Formulações de dois princípios do funcionamento mental*. In Obras psicológicas completas de Sigmund Freud (SBS). Rio de Janeiro: Imago, 1996.

TEORIA DO CONTINENTE-
-CONTEÚDO, VÍNCULOS
E TRANSFORMAÇÕES

O que Bion teoriza sobre o que se passa na mente de um paciente pode ser resumido da seguinte forma: Temos um ponto de origem – que é mítico -que nos é desconhecido. Esse ponto de origem trabalha num meio mental – Tβ do analisando ou do paciente – que nos comunica algo do que se passa na sua própria mente. Este lugar da comunicação do paciente é o ponto de origem para o analista que vai receber este T∂ do paciente e vai trabalhar dentro de si e envolvê-lo sob a forma de T∂ que articula com o paciente. Isto é uma análise.

Os vínculos estão dentro do sistema que se passa na interacção entre o campo mental do paciente e o campo mental do analista. Bion denominou este modelo de continente-conteúdo, e designou-os pelo símbolo do feminino e masculino, respectivamente. A utilização desses símbolos por parte de Bion deve-se provavelmente ao desejo constante ao longo de sua obra de adquirir maior abstracção e maior complexidade. Não é a mulher como continente, nem o homem como conteúdo, mas o vínculo erótico que se passa entre homem e mulher, que é a coisa mais complexa que existe. Não conheço nada mais complexo no mundo que amar.

O paciente – o conteúdo – projecta um vínculo L- dentro do analista. Por exemplo aquilo que a minha paciente dizia: «importa-me pouco o que você diz, o que me importa é que eu esteja aqui». O analista, perante este vínculo L-, pode utilizar os três vínculos para transformar:

- Uma das respostas do analista poderia ser em H⁻, o analista estar farto. Mas com isto não se faz nada, absolutamente nada.
- Procurar transformar o L⁻ em L⁺: «bom mas você está aqui para pensar, não está aqui apenas para sentir». Mas aqui o analisando diria que o analista não percebe nada do que ela está a dizer e ela tem razão. Porque é evidente que o que a paciente nos propõe é o L⁻.
- Procurar transformar o L⁻ em K⁺: «Para si a experiência da dependência é tão importante que pensar sobre isso é-lhe completamente desnecessá-

rio». O estar aqui torna desnecessário que ela pense. Isso é imprescindível, o que é importante é que o analista esteja. Deve dar-se à paciente um K^+ e não vou dar L^-.

«Agarra-se» no afecto da paciente aceita-se esse afecto, mas remetendo-o para o vínculo do conhecimento. Não se nega o afecto da paciente. Se a paciente comunica em L^- é em L^- que nós fundamentamos a nossa interpretação. A paciente põe um L^- e o que nós temos de fazer é transformar em K o L-que recebemos da paciente. Isto vai permitir-lhe trabalhar o seu próprio L^-. Continuamos a ter um L^-, mas com este conhecimento que ela ganha sobre a forma como a ela lhe interessa estar ali, ela vai poder pensar sobre esse L^-.

Para não interpretar em H^- é preciso entrar no campo da neutralidade. Mas atenção, o despojamento do terapeuta não é um lugar em que o analista não é responsivo a uma actividade emocional. O que se passa é o contrário, pela actividade emocional, ele coloca-a no conhecimento. Agora não quer dizer que a neutralidade não seja um lugar onde os pacientes são bem-vindos. Este vínculo L-está de forma plena na identificação adesiva. O paciente adere a nós, mas não adere àquilo que nós conhecemos, ele pretende apenas o sentimento de estarmos colados a eles.

Pensar com as emoções, introduzir K em L e H

Amor e ódio têm de ser pensados, não a partir do amor e do ódio, mas para transformar o amor e o ódio. O instrumento do analista é cognitivo. Não quer dizer que ele não sinta. Há pouco falei do functor. O functor é o retículo vazio emalhado pela emoção. Claro que sente – aliás «quem não sente não é filho de boa gente». Mas o que sente é para o analista como ter o braço do paciente dentro do seu retículo, para que o seu paciente esteja dentro dele. É na relação entre o braço e a emoção que tem de se criar um espaço que é K, que é um espaço de conhecimento.

Continente ≠ conteúdo: pensamento científico

Quando é que continente é diferente de conteúdo? Num seminário destes, por exemplo, ou seja, o estabelecimento do pensamento científico sobre o que é que se passa numa relação analítica, ou o que é que é uma teoria psicanalítica, ou ainda, como se compreendem os pacientes. Nós aprendemos fora da sessão da análise para poder apreender misticamente o paciente e formular esta recepção de forma a que o paciente cresça no processo.

TEORIA E DISCUSSÃO DA TEORIA DE TRANSFORMAÇÕES A PARTIR DE UM ESTUDO DE CASO

Introdução

A teoria das Transformações será explicitada e desenvolvida a partir do caso de um rapaz a entrar na adolescência.

Terapeuta – Pedro iniciou a psicoterapia devido à queixa do seu medo de pássaros que faz com que seja muito gozado na escola. É a mãe que o traz com a queixa do medo dos pássaros salientando que tanto o Pedro como ela têm uma má relação com o pai, que é caracterizado como sendo "muito bruto". Recentemente os pais separaramse. Tem um irmão mais novo 4 anos. A queixa principal de Pedro é a de ser gozado na escola.

Apresentação da primeira sessão (Parte I)

P. – *A Dra. X (pedopsiquiatra) dizia que os vários problemas que eu tenho é que originavam tudo... se não fosse resolvendo esses problemas, ia ficando cada vez com mais medo dos pássaros...*

T. – *E porque é que achas que os pássaros te chamam assim a atenção?*

P. – *...É mais os pombos, porque os encontro mais... são um animal horrível, feio... nojento! Pouco higiénico... Ontem perdi um autocarro por causa de um pombo ... Estava às voltas à entrada e eu tive de ir dar a volta por trás, mas demorei tanto que o autocarro foi...*

T. – *E o que é que achas disso em ti? Sentes como uma coisa estranha ou é normal em ti?*

P. – *Acho que é uma coisa estranha, mas também não acho que é para gozar e os meus colegas gozam muito com isso... No outro dia tivemos uma* visita de estudo e pararam a carrinha num sítio cheio de pombos e eu não consegui sair: fartaram-se de rir e gozar comigo... Até os professores diziam coisas...

Eles tratam-me por Pedro mas eu não gosto: prefiro um petit nom ou uma alcunha... Mas na escola usam sempre o primeiro nome...

T. – E não gostas de Pedro?

P. – Não. É o nome do meu pai, e não acho piada nenhuma a ter de ter o nome do paizinho...

Mas estava a dizer-lhe que não gosto nada daquela escola! As auxiliares tratam-me um bocadinho mal. Uma vez, pensei que ia atrasado para uma aula e desatei a correr, ia chocando com uma delas e começaram a chamar--me malcriado e não sei quê...

T. – E tu não és malcriado?

P. – Não! Eu estava com pressa... e ainda por cima pedi desculpa, mas pronto. (Silêncio.) Eu até sou sossegado na escola!...

T. – E porque é que achas que te tratam assim?

P. – Não sei... Se calhar vêm com mau humor... Ou têm problemas na vida delas, não sei...

T. – Mas também falam assim com os outros ou achas que é só contigo?

P. – Não, é tecnicamente só comigo... Às vezes também embirram com os outros...

T. – Tecnicamente? O que é que queres dizer com tecnicamente?

P. – Então... Costumo usar essa expressão... É como teoricamente, na verdade...

T. – OK, achei piada à expressão... E com os professores, como te dás com eles?

P. – Não gosto muito da professora de ciência: acho que não explica muito bem a matéria... Ela está sempre a brincar connosco quando dizemos que não percebemos... assim não apetece tirar dúvidas! Gosto da professora de português ela explica bem e utiliza muitos exemplos da internet!

T. – E o que é que gostas mais de estudar?

P. – O que gosto mais é EVT! Também foi a única disciplina a que tive 5... e fui o único rapaz que teve 5!!!

T. – Isso parece muito importante para ti...

P. – *Sim! Principalmente porque na escola estão sempre a perguntar quantos cincos é que tirei e isso...*

T. – *São muito competitivos lá...*

P. – *Mas estão sempre a implicar comigo... Hoje jogámos futebol e ganhámos, mas não me ponho aos berros com isso... Há miúdos lá que ficam todos excitados e começam a dizer asneiras e isso... Eu não fico assim! E às vezes não acerto na bola e começam logo a gozar comigo, e há colegas meus que ficam furiosos e se perdemos dizem que foi culpa minha... E a maior parte das vezes não querem que eu jogue com eles... Mas com isso não me importo muito...*

T. – *Queixas-te muitas vezes disso, de gozarem contigo, de implicarem... Porque é que achas que isso acontece assim tanto? Será que fazes alguma coisa para isso te acontecer assim?*

P. – *Parece que há sempre alguém a olhar para mim, e que se eu não fizer assim ou assim, depois gozam ou dizem qualquer coisa...*

T. – *A olhar para ti como?*

P. – *Parece que estão... Quando eu vou a um sítio fica toda a gente a olhar para mim... Sei que não estão, mas sinto como se estivessem, que podem olhar a qualquer momento... Mas se calhar ficam um bocado no gozo porque eu vivo em frente à escola, quer dizer, a casa do meu pai é em frente à escola...*

T. – *E porque é que gozam com isso?*

P. – *Porque metem-se comigo a querer ir lá a casa lanchar ou que eu lhes traga coisas...*

T. – *E isso incomoda-te...*

P. – *É que eu não sou muito amigo deles... Ainda hoje estava a sair da escola a correr para ir para casa e começaram a dizer para não correr que ainda pisava o chão, e desataram-se a rir... acho que sou uma espécie de bobo da corte da minha escola.*

A minha mãe diz que eu ando difícil porque estou na fase da adolescência... E já ando a ficar com borbulhas... Naquela escola toda a gente tem um estilo definido e depois, se eu também não tiver, ficam todos a olhar de lado... Não dizem nada alto ou isso, mas percebe-se que falam baixinho e riem-se... Até que com a minha maneira de vestir eles não gozam: muitas das minhas roupas estão na moda!!! Mas às vezes a minha mãe obriga-me a ir de fato de treino, e eu não gosto nada! As minhas amigas dizem logo, o Pedro de calças de fato de treino?! Que barraca!!! E sinto-me mal porque sei que ela vai dizer às outras e assim não consigo ser popular...

78 TEORIA DAS TRANSFORMAÇÕES

Eu conto tudo a uma colega minha que é a minha melhor amiga, só que às vezes é muito difícil... Eu contei à Dra. P que costumava passar os intervalos sozinho nos corredores em vez de ir para o recreio brincar e isso... Passava muito tempo a ir aos cacifos... Ela diz que se calhar eu era demasiado organizado e estava a perder a infância...

T. – *E és demasiado organizado?*

P. – *Eu gosto de ser organizado... É que dantes eu era muito irresponsável e desorganizado e a minha mãe estava sempre a dizer-me para não me esquecer das coisas e às vezes dava-me castigos por causa disso...*

T. – *Que tipo de castigos?*

P. – *Por exemplo, não ver a novela enquanto não fosse organizado.*

T. – *E que tipo de desorganização era essa?*

P. – *Por exemplo, esquecer-me de algum livro em casa ou de alguma coisa na escola... Não fazer os trabalhos todos... Às vezes acontecia sem querer, mas ela estava sempre a dizer que eu era um irresponsável!*

T. – *E por causa disso sentiste que tinhas de ser mais organizado e não ir aos recreios para ir ao cacifo?*

P. – *Também não é só para ser organizado... às vezes vou ao cacifo para buscar... Sabe às vezes tenho de mentir um bocado à minha mãe...*

T. – *Como assim?*

P. – *Por exemplo, eu hoje fui comprar chupas, mas ela não me autoriza, e portanto não posso levá-los para casa... Se ela descobre pede ao meu pai para me tirar a mesada... E por isso guardo-os no cacifo... Também é por isso que vou lá às vezes...*

T. – *Então não é só uma questão de organizares as coisas... Se calhar sentes-te muito amargo nos recreios quando implicam contigo e vais à procura de coisas doces...*

P. – *Pois, se calhar é... Os meus pais não me deixam comer doces... Têm sempre a mania das dietas! Nunca ninguém me dá doces... Eles cortam com tudo! Assim que saio de casa vou logo comprá-los! Mas também compro para oferecer na escola... Assim fico popular. (Silêncio.) No outro dia tive uma discussão imunda com um que estava quase a ser o meu melhor amigo...*

T. – *Imunda? O que é uma discussão imunda?*

P. – *Muito grande. Dissemos coisas más e deixámos de ser amigos... Foi uma grande barraca porque estávamos no refeitório cheio de gente à volta! Saí a correr de lá!*

T. – *Tu tens muito essa preocupação, não é? Tentas muito agradar aos outros, como também em relação às roupas e isso...Ficas muito preocupado com a imagem que os outros têm de ti...*

P. – *Hum... Outra coisa com que também gozam é com os carros dos meus pais. O carro da minha mãe é velho e faz imenso barulho e depois todos dizem que venho para a escola num ferro velho... O do meu pai está sempre cheio de coisas, todo desarrumado... O meu pai é super desorganizado! É completamente diferente da minha mãe: é toda organizada, mais parecida comigo! Tem a casa mais arrumada... É melhor para receber pessoas e isso, uma casa mais limpa e higiénica. A casa do meu pai é feiosa, toda desorganizada... depois tem a mania das colecções... Só há espaço para as manias dele... Tem tudo espalhado...*

T. – *Foi difícil para ti a separação deles?*

P. – *Eu preferi que se tivessem divorciado, mas foi difícil porque tiveram de me tirar do colégio por razões financeiras e eu tinha lá imensos amigos... Também me custou ter de começar a andar de auto-carro, mas depois como a minha melhor amiga também anda, fiquei mais habituado. ... Toda a gente quer ter melhores amigos... Mas há aqueles que têm poucos...*

T. – *E tu és de quais?*

P. – *Sou dos que têm poucos... Mas consigo fazer amigos facilmente na Net!!! Na escola há os populares e os impopulares... Eu não sou socialmente muito conhecido...*

T. – *Gostavas de ser mais conhecido?*

P. – *Sim! Gostava de entrar na escola e que todos me dissessem olá!*

T. – *Gostavas que todos olhassem para ti quando entras...*

P. – *Exacto!*

T. – *Então, essa sensação que tens que as pessoas podem olhar para ti – que disseste há bocado, que sabes que não olham mas que sentes que podem olhar a qualquer momento – e que dizias que não te faz sentir bem, afinal é parecida com o teu desejo...*

P. – *(Silêncio.) Há vezes em que o meu irmão tem atitudes de cigano ou xunga: cospe para o chão e diz asneiras e isso... Ele sabe que eu não gosto nada disso, mas ele às vezes faz de propósito só para me envergonhar frente aos outros em festas e isso. (Silêncio.) Eu acho que ele deve pensar que eu sou um mau irmão...*

T. – *Porque é que serias um mau irmão?*

P. – *Porque quando andávamos na outra escola os amigos dele também conheciam os meus e foram dizer ao meu irmão que gozavam comigo e começaram a gozar com ele por causa de mim...*

T. – *Porque é que será que toda a gente goza contigo?*

P. – *Não sei... eu já tinha dito à Dra. X que não gosto muito deles... disse-lhe que parecia que tinha alguma coisa escrita na testa... Mas já estou a habituar-me, são sempre os mesmos gozos...*

T. – *E quais são?*

P. – *Hum... É uma coisa que eu gostava de dizer mais para a frente... É sobre uma anomalia... Uma coisa estranha... Não sei se a minha mãe lhe disse, mas ainda não me sinto muito à vontade aqui...*

T. – *Mas gostavas de saber o que é que a tua mãe me disse?*

P. – *Sim, gostava que fizesse isso.*

T. – *Eu perguntei à tua mãe porque é que ela achava que precisavas da minha ajuda, e ela disse-me as coisas que a preocupavam: principalmente a questão do teu medo dos pássaros porque era uma coisa que te dificultava a vida...*

P. – *...do medo? Eu chamo-lhe fobia. Não costumo dizer que tenho medo de pombos, digo que sou fobaico...*

T. – *(Risos.) Fóbico... Tecnicamente, como dizias há bocado, é esse o termo, mas quer dizer que entras em pânico quando vês pombos, que tens medo deles...*

P. – *De certeza que ela lhe contou que eu ia à psicóloga... Já fui a outras psicólogas antes mas disseram que era melhor eu falar com um psicólogo homem e disseram para vir cá...*

T. – *Porque é que achas que elas disseram que era melhor falares com um homem?*

P. – *Acho que era para não me sentir tão inseguro e isso... Aliás, os meus problemas na escola começaram quando... Quando eu entrei para a escola era popular, todos me falavam, mesmo os que eu não conhecia... Só que depois houve um na minha turma que teve inveja de mim e então inventou um boato e esse boato espalhou-se a nível mundial...*

T. – *Mundial?*

P. – *Mundial da escola... Toda a gente soube... E um dia cheguei à escola e estava toda a gente a olhar para mim e a fazer segredinhos a rir...*

T. – *Sabes que achei importante que tivesses dito mundial... Por um lado sei que é uma expressão, mas por outro lado mostra bem que tu sentes o peso do mundo todo em cima de ti, do teu mundo todo, que és o único a carregar esse peso, e isso deve deixar-te muito sozinho... Se calhar, além do medo, esse sentimento de peso e solidão é que é o teu problema...*

P. – *Sabe este problema que não queria falar já?... É um bocado difícil admitir, mas mais tarde ou mais cedo vai ter de ser... Não tenho de dizer a toda a gente, mas... Há uma colega minha que sabe e tive de contar à minha mãe... É que eu acho que sou homossexual...*

T. – *E o que é que a tua mãe achou disso?*

P. – *Não sei... Acho que me levou ao psicólogo para ver se eu era mesmo... Mas a maior das minhas preocupações é a fobia dos pássaros.. Há imensos pombos por todo o lado...*

T. – *Digamos que é um medo que te dá jeito...*

P. – *Exacto! A Dra. P disse que era por causa do meu pai, porque ele não sabe lidar muito bem connosco e isso... Já na infantil costumava andar mais com raparigas do que com rapazes...*

Transformações em movimento rígido, projectivas e em alucinose

Transformação Projectiva e fobia de pombos

Para poder desenvolver os primeiros pensamentos que este rapaz me suscita, é necessário introduzir os diferentes tipos de transformações que Bion teorizou. Existem transformações em movimento rígido, transformações projectivas e transformações em alucinose. Bion recorreu à geometria para designar os modelos utilizados na teoria das transformações. Além disso ele diferencia entre transformações que se passam no sujeito e que são comunicadas pelo sujeito, e as que se passam no analista. E o que ele procura é a invariante entre a co-parte que está na origem do discurso e o discurso final. Na neurose é fácil detectar a invariante. Suponhamos a angústia de castração e o produto final. A esta relação entre a invariante e o produto final na angústia de castração, Bion chama-lhe transformação em movimento rígido. Esta está activa sempre que a invariante aplicada na origem (desconhecida) e a comunicação final é facilmente detectada (para o analista). Sempre que é fácil perceber a relação entre a invariante originária e o produto final que é proposto pelo paciente.

82 Teoria das Transformações

Na transformação projectiva, que é aquela que nos interessa para este caso, a transformação do ponto de origem não é detectada no produto final, isto é, não é possível detectar a parte invariante da transformação.

As fobias dos animais – quando se caracterizam por uma transformação em movimento rígido – relacionam-se com a angústia ou medo e organizam-se na área do senso comum. Neste caso, sob a forma de um animal que rodeia a criança. No pequeno Hans, o medo de cavalos permitia perceber o ponto de origem. Uma das suas brincadeiras preferidas era fazer de cavalo, outra era a de deitar abaixo os cavalos. Portanto a relação entre Hans e os cavalos mostrava quer a identificação, quer o conflito. Nesta brincadeira percebe-se bem o deslocamento sobre o cavalo de qualquer coisa que se passa no sujeito. A fobia pelo deslocamento da infância protege os objectos internos parentais. Hans não tinha angústia perante o pai, mas tem medo de cavalos. Há uma perseveração das figuras parentais, destas figuras mais ambivalentes ou conflituosas, e o trabalho do psicoterapeuta ou analista inscreve-se na necessidade de transformação de algo que está no inconsciente e está ligada a uma poderosa fantasia de ambivalência e angústia de castração em relação ao pai. E assim é securizante para o sujeito. Se ele não vir cavalos não tem medo. Esta é uma transformação em movimento rígido que se observa quer na criança (na neurose da criança), quer na neurose do adulto.

A fobia da criança não é uma fobia qualquer. As fobias nos meninos dividem-se em fobias dos pequenos animais, grandes animais e fobias do humano. Há o conto de Hoffman, que é tratado no texto «O estranho»[32] que se inscreve na figura do humano sob a forma de uma boneca que apresenta qualquer coisa de ameaçador.

Porém ter medo de pombos, galinhas e gatos persas não é exactamente a mesma coisa. Sobretudo ter medo de pássaros que aliás é o que mais insiste neste rapaz. Os pombos andam por todo o lado, mas não são um animal que ameace directamente. Porquê o terror em relação a um pombo?

Neste medo não se reconhece a invariante no produto final (que é o medo dos pombos). Além disso este medo domina-o e organiza a relação dele com a realidade. Este medo é uma transformação projectiva, ao contrário da transformação em movimento rígido. Também não há uma transformação em alucinose porque não predomina o ataque à percepção. Nesta última é o próprio sistema perceptivo que é atacado, implicando uma reorganização da percepção, uma transformação da percepção de forma que o ponto de origem (a invariante da co-parte do pensamento) é irreconhecível no produto

---

[32] Freud, in *A Interpretação dos Sonhos*, supracit. Contos de Hoffman: Hoffman, E. T. A. *Contos Fantásticos*. Rio de Janeiro: Imago.

final. A transformação alucinatória ou em alucinose não permite o reconhecimento do ponto de origem.

Quando o analista se encontra perante uma transformação projectiva não pode utilizar os mecanismos habituais como a identificação projectiva. O analista não pode receber dentro de si uma comunicação e reconectá-la como uma experiência emocional, ou ainda, não pode devolver transformada ao paciente, como se faz na transformação em movimento rígido.

Alfa dreamwork em directo

Na transformação em alucinose não se utiliza a identificação projectiva, mas uma conjuntura especulativa. A mente do psicoterapeuta é obrigada a abrir-se a um determinado conjunto de especulações que se passam na sua própria mente quando ouve determinadas coisas, coisas essas que lhe chamam a atenção. No meu caso lembrei-me de um momento particular da História e deste modo aproximo-me do ponto de origem nesta transformação do paciente. A primeira recordação foi do Rei D. Manuel, que viveu num período tempo da história em que os judeus ou se convertiam ou eram mortos. Uma das formas de morte preferidas do Rei era pô-los num barco, atar-lhes os braços e pôr carne podre em cima dos olhos. Depois vinham os pássaros e comiam. Claro que eles não comiam apenas a carne podre, eles comiam também os olhos. A segunda recordação foi do filme «Os Pássaros», de Alfred Hitchcock[33]. Pássaros normalmente pacíficos de repente agrediam com bicadas, ou seja, uma forma de ameaça inusitada. Porque é que os pássaros se viram contra as pessoas? Não se sabe, há uma certa incógnita que permanece e cria um temor.

O mesmo acontece com este rapaz. Este não é um medo comparável a outros medos. Este temor desencadeia no paciente um «buraco negro» no pensamento. Algo que não é da ordem do pensável e por isso mesmo consubstancia-se numa projecção, isto é, numa transformação projectiva desta natureza. Se continuarmos em *alfa dreamwork* (sempre que o analista permitir que os seus protopensamentos, as suas correntes associativas fluam, que é o mesmo que a *free floating association*, que significa flutuar no próprio processo associativo), podemos associar que animais como cães, cavalos, etc., são considerados animais totémicos. O funcionamento totémico é, por exemplo, o de um animal que apresenta ameaça e a cria é dada à morte (sacrificada) para evacuar a ameaça, ou mesmo dar o próprio animal à morte.

---

[33] *The Birds*, filme realizado por Alfred Hitchcock em1963.

84 Teoria das Transformações

Os pássaros não são animais totémicos. É um animal fragmentário. O rapaz não tem medo *do pássaro* nem do cão; tem medo *dos pássaros*. Como se a revoada dos pássaros pudesse tornar o sujeito desamparado perante o ataque que vem destes animais. É qualquer coisa que me sugere uma fragmentação ao nível da realidade que ameaça o sujeito, realidade perante a qual o paciente é incapaz de nomear, incapaz de dar nome a esta experiência que, de alguma forma, o ataca. Qual o ponto de origem que podemos suspeitar? Continuando em *alfa dreamwork*: o paciente é popular ou impopular? A impopularidade pode ser um conjunto de pombos que cochicham quando entram na escola. Aquelas pessoas que arrolham, que cochicham e que podem significar uma ameaça, podem ser estas mesmas «pessoas mundiais». O psicoterapeuta utilizou o termo mundial e bem. Para o paciente não há uma pessoa que não gosta dele, mas muitas pessoas que não gostam dele.

Como atribuir um nome a uma experiência? Se estamos numa área de transformação projectiva, pássaro só pode ser uma denominação errónea de uma experiência ou um enunciado falso sobre uma experiência. Esta experiência não está colocada num sistema narrativo. Aparece na narração que o sujeito faz de si mas não se apresenta com um carácter narrativo, pelo contrário, apresenta-se como algo que interfere no sistema onírico. O funcionamento onírico é aquele que contém o processo de sonho e fantasias que utilizam a percepção como formas de expressão. A fobia dos pássaros é algo que implica uma desarticulação entre o sistema onírico e o modelo mítico-narrativo. A cadeia *alfa-beta*, o sistema onírico e modelo mítico-narrativo significam uma possibilidade de ir transformando elementos de modo sucessivo, até organizar uma cadeia de experiência histórico-narrativa de cada sujeito. Estes pássaros:

- Não são animais totémicos.
- Não constituem um deslocamento para a angústia de castração.
- Têm um carácter estranho (pelo tipo de fobia e pela idade em que se manifesta: medo específico de pássaros na adolescência).

É necessário articular algo que parece apenas pertencer a uma cadeia onírica com o sistema narrativo. No sistema narrativo o paciente põe em relação a popularidade e impopularidade: quantos pássaros o atacam na vida? Qual é a miríade de pássaros que ele sente quando entra na escola pelo olhar das pessoas que o rodeiam e que fazem aqueles barulhos, aqueles cochichos à volta dele e que o ameaçam? Quantas picadas na auto-estima, no *self*, na parte narcísica da mente sente o paciente? De que forma é que ele não pode conectar esta experiência, porque é qualquer coisa de tremendo?

Para além deste medo e nesta relação de popularidade e impopularidade, a primeira coisa que o paciente diz é que detesta o nome de Pedro, o nome do pai. Das primeiras coisas que o paciente comunica é o seu desejo de *forcluir* o nome do pai: «eu não quero ter o nome do meu pai». Ele diz até algo engraçado sobre o nome do pai: «este nome é horrível» ou outra expressão de horror semelhante. O paciente diz-nos duas coisas muito importantes: uma é que tem medo dos pássaros e a outra é que *forclui* (ou seja, faz desaparecer da mente) o nome do pai. Se *forclui* o nome do pai não é surpreendente que ele não tenha medo de animais do senso comum, a sua fobia não se pode organizar na área do senso, com animais que representam a castração.

O paciente desconstitui a lei simbólica da castração através da *forclusão* do nome do pai e recoloca a angústia num território muito mais primitivo. Estas duas coisas estão articuladas: a desconstituição simbólica do nome do pai remete o sujeito para a impossibilidade da relação à castração como organização simbólica, que permitiria um modelo identitário com o nome do pai.

No filme «Apocalypse Now»[34] há um oficial norte-americano que vai percorrendo o rio até encontrar um general ligado a uma horda primitiva, constituída por americanos e vietnamitas, unidos por uma relação de idolatria em relação ao líder. A sua tarefa é a do parricídio -matar aquele líder. No preciso momento em que ele está lá em cima na casa com o general (o actor Marlon Brando) a matá-lo, cá em baixo sacrifica-se um animal em simultâneo. Porém, também é interessante observar que na mesinha de cabeceira do General está um livro de Freud intitulado «Totem e Tabu»[35], o que não é por acaso. O animal é morto em nome do pai enquanto o pai também é morto. Esta ambiguidade na relação do sujeito com a estrutura totémica, que é o lugar do desejo de morte e o lugar em que o animal é sacrificado *pelo* e *em nome* do desejo de morte que estrutura a cadeia totémica. Neste paciente não há cadeia totémica. A simples *forclusão* do nome do pai implica que não há lei totémica, há uma coisa muito mais projectiva que se organiza de modo fragmentário e que corresponde a uma transformação projectiva do que se passa com o paciente.

Utilizando a placa giratória

Há ainda um terceiro problema, o da homossexualidade. Toda a nossa comunicação com os pacientes organiza-se em torno de uma placa giratória

---

[34] *Apocalypse Now*. Filme realizado em 1979 por Francis Ford Coppola.
[35] FREUD, S.(1913) *Totem e Tabu*. In Obras psicológicas completas de Sigmund Freud (SBS). Rio de Janeiro: Imago, 1996.

86 Teoria das Transformações

daquilo que os pacientes nos dizem no momento e que se articula com o que disseram antes. Da mesma forma que os pássaros são devidos à não inclusão do nome do pai, a homossexualidade também é devida à desconstituição do nome do pai. Algo é desconstituído e emerge algo muito mais primitivo. No texto de Freud «Psicologia de Grupo e Análise do Ego»[36], quando este refere identificação ao objecto de amor, identificação ao objecto mãe, também podemos inferir que se lei da castração não é organizada de forma simbolizada por algo, ela é atomizada, fragmentada em miríades de animais ameaçadores que povoam a cidade, que impedem o movimento e provocam terror no paciente.

Ao não ter tido lugar uma angústia de castração, teve lugar uma angústia de fragmentação. Esta fragmentação não está contida na mente do sujeito. A fragmentação, por transformação projectiva, está contida nos animais que o rodeiam, nas pessoas que o rodeiam e que o detestam, etc.. Esta construção – conjuntura especulativa – permite conectar-nos a uma experiência estranha.

Para o rapaz, a questão da homossexualidade também o preocupa. Contudo a mãe não falou disso. Embora o miúdo pense, com a ingenuidade da adolescência, que a mãe teria falado desse assunto, o assunto da homossexualidade parece ser um segredo que a mãe partilha com o filho. É a concupiscência entre o materno e a criança. A mãe não fala na homossexualidade do filho porque este segredo contém um outro segredo na relação com ele. A única explicação é que a mãe inscreve o sintoma do filho no objecto fálico e não na homossexualidade porque ela alinha no desmentido do nome do pai, na relação com o filho. Só teria inscrito como sintoma se tivesse inscrito a relação com o filho no nome do pai. Ela também *forclui* o nome do pai. Há uma aliança mafiosa entre a forma como a mãe procura o psicoterapeuta e a maneira o filho retira o nome do pai da sua linguagem.

O rapaz está no início da adolescência e tem uma expressão verbal muito organizada e estruturada. Será que esta capacidade resulta de uma verdadeira comunicação com o outro, ou resulta de uma placa defensiva do *self* através do sistema linguístico que o proteje das angústias mais primitivas? Até agora não tenho nada que me possa encaminhar. É preciso constatar que sabemos do medo dos pássaros mas não temos um caminho para chegar ao ponto de partida, à origem.

É preciso tolerar a ignorância e dispersão. O psicoterapeuta tem de ter paciência para tolerar a dispersão e segurança. Não há paciência sem segurança, nem segurança sem paciência. O psicoterapeuta ou analista tem que

---

[36] Freud, S.. (1921). *Psicologia de Grupo e a Análise do Ego*. In: Obras psicológicas completas de Sigmund Freud (SBS). Rio de Janeiro: Imago, 1996.

se posicionar mentalmente entre paciência e segurança. Se não existir esta capacidade, o terapeuta fica disperso e não é capaz de procurar uma estrutura ou uma cadeia onde possa articular a narrativa do sujeito (mais os seus sintomas). Deste modo o sujeito torna-se não inteligível e não se apresenta ao terapeuta como sujeito numa relação continente-conteúdo. Nesta última situação o sujeito seria sentido como uma nuvem de factos, uma nebulosa que não encontra forma. Pode ainda suceder uma falsa interpretação e falsa nomeação da experiência, quando surge uma interpretação muito súbita, muito rápida. Bion denomina de Unidade Depressiva de Significação à experiência de integração promovida pela paciência, tolerância à dúvida e segurança. Toda a comunicação humana funciona deste modo, pois estamos permanentemente a integrar-dispersar, integrar-dispersar... É por isso que a transformação da posição esquizo-paranóide em depressiva, significa a passagem da dispersão do pensamento à integração pela unidade depressiva de significação.

Não encontrar essa unidade depressiva de significação é algo que temos de conseguir tolerar, mas só o podemos conseguir quando temos a segurança de que a vamos encontrar. Se não, a mente do psicoterapeuta fica aterrorizada perante a sua própria estupidez. Quando não há segurança em encontrar a unidade depressiva de significação, o terapeuta fica impaciente e perde a relação harmónica com o paciente.

T. – Há uma curiosidade retomando a morte dada pelo Rei Manuel aos judeus, é que ele agora já consegue tolerar a presença de pássaros, desde que «proteja a vista».

Continuação da apresentação da primeira sessão (Parte II)

P. – (...) *Não achava muita piada às brincadeiras deles, sentia-me mais à vontade com elas...*

T. – *E hoje em dia?*

P. – *Também continuo a gostar mais de estar com raparigas... Mas agora as minhas amigas já têm namorados...*

T. – *E agora ficas tu um bocado sozinho...*

P. – *Eu também gostava de ter um namorado... Até gosto de uma pessoa... Neste caso, um* <u>*pessoo*</u>*...*

Neologismo e desconstituição simbólica: pessoo

É a segunda vez que ele utiliza um neologismo. Se no primeiro se tolera a dispersão, no segundo já se pode confirmar. O primeiro neologismo foi a palavra *fobaico*. Fobaico será um sujeito que se encontra em fobia. É o mesmo que dizer que um aramaico é um sujeito que se encontra em *aramia*. Um talhante derivaria assim da talharia, etc.. *Pessoo* é um neologismo baseado no termo pessoa. Pessoa é uma palavra utilizada para designar indivíduos, sujeitos, etc. de modo abstracto. Ele ataca o significante pela via da sua homossexualidade. Segundo este rapaz: «eu *pessoo*, tu *pessoas*, ele *pessoa, etc.*». Esta palavra não existe, o que é o sinal sub-reptício da desconstituição do sujeito da ordem simbólica. A linguagem é uma ordem simbólica que está antes e depois de nós. A retorção da linguagem é também uma transformação projectiva porque através do movimento oriundo da geometria, a realidade é transformada pela projecção. O mundo divide-se para ele em *pessoos* e pessoas e não em masculino-feminino.

Continuação da apresentação da primeira sessão (Parte III)

P. – *(...) E é lá da escola. É um bocado complicado estar sempre à frente dele e não poder dizer-lhe nada... É que eu não sei se ele é como eu sou... Se houvesse mais como eu na escola já não era difícil admitir, mas pronto... parece que ninguém é igual a mim...*

T. – *És tu sozinho contra o mundo. Talvez as tuas preocupações em ser popular também tenham a ver com isso, porque no fundo sentes-te muito rejeitado.*

P. – *Parece que eu sou diferente do resto do mundo...É uma seca! Aliás, eu tento-me... (Silêncio.) Às vezes não estou satisfeito com a minha vida e já tive pensamentos. (Silêncio.) Já cheguei a pensar que podia...*

T. – *Já pensaste em matar-te foi?*

P. – *Sim. Em casa do meu pai está sempre tudo desarrumado e uma vez, estava na sala sozinho porque ele tinha ido para o parque com o meu irmão, e encontrei uma faca debaixo da almofada do sofá. E tive essa ideia de poder... Pronto, pensei em matar-me e tudo isso, mas também já pensei que não era capaz.*

T. – *Fiquei a pensar sobre os pássaros. Tu disseste que não gostas deles porque são nojentos, depois falaste da discussão com o teu melhor amigo como imunda. Parece que ligas as coisas sujas à agressividade e à zanga. E estava a pensar que sentes como perigoso para ti a desarrumação do teu pai. Ficar sozinho com a desarrumação do teu pai parece que te faz encontrar facas e ideias perigosas e tristes.*

P. – *O meu pai é muito pouco higiénico, tem a casa sempre toda suja.*

Pensamento totémico (um gigantesco nada) e pensamento de sonho (medo com propriedade)

«O meu pai é tão pouco higiénico como os pássaros» diria o rapaz. A ameaça da castração é fragmentada e diminuída – o pássaro é o pai. É uma fragmentação e uma diluição da ameaça da castração que é desconstituída da lei simbólica. Não se organiza sobre a forma do totem. Esta diferenciação é importante; o pensamento totémico é diferente do pensamento do sonho. No pensamento do sonho o sujeito digere as imagens parentais e transporta-as através da cadeia onírica. No pensamento totémico há intolerância da contenção da experiência porque esta não foi totalmente digerida pelo Eu. O que há de mais interessante na constituição do sujeito é a alteridade. A perca da alteridade é tudo aquilo que não é possível digerir pelo Eu.

A digestão pelo Eu dá origem à criação do Supereu (Freud refere-o a partir do texto «O Eu e do Id»[37]), que é justamente a transformação da ameaça que vem do objecto em algo que deriva do Eu. O Eu deriva do Id, o Supereu deriva do Eu. Há um sistema de derivação. Para Freud, o sujeito no princípio da vida é como que uma tina cheia de água, e o Eu é a poeira que poisa em cima dessa água, aquilo que resulta da relação entre esse mundo inapto que vem do princípio dos tempos mais a realidade que o sujeito vai conectar. O Eu é o precipitado[38] dos objectos perdidos, a tal camada de poeira que resulta da relação entre o interior e o exterior. O Supereu é qualquer coisa que deriva desta superfície que se organiza entre o sujeito e a realidade e agora se transforma numa outra coisa, numa parte que tem sentimentos de

---

[37] FREUD, S. (1923). O Ego e o Id. In Obras psicológicas completas de Sigmund Freud (SBS). Rio de Janeiro: Imago, 1996.

[38] N.R: Precipitar em Química significa «separar-se (uma substância sólida) depositando-se com o sedimento ou ficando suspensa no líquido em que primitivamente se achava dissolvida». O precipitado é o sólido resultante da reacção química denominada precipitação (retirado dos seguintes dicionáriosonline: Dicionário Priberam da Língua Portuguesa e Wikipédia, em 2009.).

angústia ligados à expressão da autoridade, angústia essa que pode atacar o sujeito pela emergência de um desejo que não foi suficientemente reprimido pelo Eu.

Bion acrescenta um outro conceito ligado ao de Supereu: o Super-ao-Eu. É algo que não *vem do Eu* mas que *existe antes do Eu*. Uma coisa estranha. Esta película que se cria entre o Id e a realidade num lugar que será uma espécie de bolha, bem como algo que fica acima mas que deveria ter ficado coberto. É um elemento primitivo da mente que agora persegue o sujeito sem que o sujeito possa articular este elemento através do Supereu. Qualquer coisa que fica separada da mente do sujeito e que agora o ameaça de forma repetitiva, automática e sem que o Eu possa ter a mesma aptidão com este objecto, como aquela que teria se lidasse com os objectos que resultam do Supereu.

Estes pássaros são formações do Super-ao-eu. São as partes *porcas* do pai. O que é uma parte *porca* de um pai? O pai dele é *porco* porque é homem. Acresce que em casa do pai ele tem uma fantasia de se matar. O paciente tem sentimentos de diferença em relação à realidade, sentimentos esquizói-des porque se sente impopular e tem homossexualidade, sendo esta para ele um terror primitivo não enunciado sobre a forma da castração mas sobre a forma de pássaros. Tem ainda uma ideação suicida. Num rapaz desta idade é demasiado!

Mais próximo do fantasma fundamental, conjunção constante ou cliché estereotipado

Lacan iria denominá-lo de fantasma fundamental e Bion chama-lhe de conjunção constante (diferente da estrutura). Freud chegou a falar de um cliché estereotipado (no texto «A Dinâmica da transferência»), um padrão que se repete. Este padrão tem a ver com a estrutura mas na sua expressão patoplástica.

Pelo carácter proteiforme da conjunção constante, pela variabilidade da sua expressão, estamos a sair da nebulosa e estamos a conseguir vislumbrar elementos constantemente conjugados que afirmam como uma mente, a mente deste rapaz, se exprime. Há ainda os neologismos que nos remetem para uma perturbação da película do pensamento. E depois emergem os *pessoos*, revelando uma debilidade na inteligência. Porque este é um rapaz com medo de pássaros que tem expressões de inteligência bem organizadas mas com um débil dentro dele. Qual a parte da mente que se organiza sob a via da homossexualidade?

Continuação da apresentação a primeira sessão (Parte IV)

P. – *(...) Sinto-me mal em casa dele e digo-lhe que não gosto de ir lá... Ele fica todo irritado e qualquer coisa que eu faça vai logo fazer queixinhas à minha mãe, bate-me e tira-me a mesada, o telemóvel, o Ipod... Faz-me comer sopas nojentas ao jantar. Tem vários castigos... A Dra. X diz que o meu pai é como o meu irmão: ela já foi falar com ele a dizer-lhe que fazia uma série de coisas que me perturbavam e que era uma pessoa muito nervosa.*

T. – *Nervosinho como um pássaro? Que dispara de repente como os pássaros a levantar voo...*

P. – *Exacto! Às vezes parece que lhe dá um «vipe» qualquer...*

Apresentação da segunda sessão (Parte I)

P. – *Desculpe ter chegado atrasado. Tive de sair noutra estação porque esta aqui estava cheia de pombos... Fui dar a volta.*

T. – *Tiveste?*

P. – *Sim, e atrasei-me um bocadinho.*

T. – *Esse é um dos problemas desse medo que tens: sentes-te obrigado a fazer coisas que não queres ou a perder coisas...*

P. – *Hoje estou com o meu pai.*

T. – *Vieste de casa dele?*

P. – *Sim. Ele foi levar o meu irmão aos treino. (Silêncio.) Há coisas que ainda não lhe contei da minha vida...*

T. – *(Risos.) Sim, deve haver muitas!*

P. – *Por exemplo: há uma coisa que ainda não falei à Dra. X – é sobre os meus tios. Já tinha dito à Dra. X que a família do meu pai estava sempre a questionar-me e a chatear-me para não comer, e que a família da minha mãe dava-me mais carinho. Mas há uma coisa que não gosto muito na família do meu pai. É que tenho um tio que é como se fosse um Deus da família: foi sempre o mais inteligente, tinha as melhores notas, era sempre o que fazia as coisas melhor... E anda sempre tudo atrás dele! Por exemplo: se eu digo para irmos ao jardim zoológico no fim-desemana dizem logo que não por isto ou por aquilo, mas se é ele a dizer vão logo todos contentes como se fosse uma grande ideia... É como se fosse um rei ou um Deus... Eu não me importo que ele seja da minha família, desde que não estejamos sempre com ele, e depois eu e o meu irmão sentimo-nos postos de parte. (Silêncio.) E depois faz figurinhas tristes: está sempre a tirar-lhes fotografias; dão imensa barraca! No outro dia fomos jantar fora e o meu primo pôsse a comer no chão – nem gosto de lhe chamar primo, parecia um cão! Claro, ficou toda a gente a olhar! E depois ainda se põe a fazer birrinhas... O meu tio faz tudo o que ele quer e o meu pai e nós acabamos por ir atrás... Eu sei que eles são irmãos e tal mas também acho que... Gostava mais que o meu pai fosse como os outros irmãos dele: também gostam do meu tio, mas não estão sempre com ele.*

Quando vamos de férias com o meu pai levantamo-nos cedíssimo para ir ter ao hotel onde o meu tio estiver, esperar que os meninos acordem... É uma seca! Depois vamos outra vez para a piscina da nossa casa. E fica toda a gente a olhar para os meus priminhos a dar saltos para a piscina! E o meu pai a tirar fotografias! E depois quer que nós saltemos também. Mas eu não gosto. E depois ele põe-me de castigo... Já tentei ter essa conversa com o meu pai, que não queria ir para cima do muro dar saltos para a piscina... E ele ficou todo chateadinho; nem me deixou ir passear com eles: disse-me que não podia ir porque já estava gente a mais e pronto... Fiquei sozinho... Depois acabei por não ficar sozinho porque o meu tio achou que era cansativo para os priminhos e ficou com eles. Já não estava gente a mais, mas o meu pai não me deixou ir à mesma. Estava a fingir que me estava a educar...

T. – *A fingir que te estava a educar?*

P. – *Pois... Porque era mais para... Ele finge que educa. Fica muito chateadinho se eu não faço logo o que ele diz, à frente dos amigos dele. Quer que eu seja sempre perfeito... Mas é só quando está com outras pessoas...*

Para além da realidade, há um pai que o paciente urge em desconstituir

O pai não é um pai – é um pai fingido, um pai a fingir. Ele diz que o tio chega e o pai fica «de gatas». Ele parece que gostava de um pai que não ficasse «de gatas». Para ele o pai tem castigos a fingir. Aliás, tudo o que é educação é para ele algo fingido, sem importância. Mas este facto não interessa, o que interessa é a opinião do paciente sobre este pai que é tratado como um fingidor. Muita gente ouve pacientes como se eles contassem realidade. Os pacientes não contam realidades, contam narrativas. Tenho tendência a ser um *narrativista* em psicanálise. Mais do que o que fez ou deixou de fazer, interessa o sistema narrativo onde se encerram os acontecimentos narrados.

Este acontecimento é inserido numa desconstituição da lei do pai e é assim que tudo o que vem do pai é a fingir. O pai não tem lei, ou então é uma lei a fingir – é porco como os pombos!

A hipótese definitória deste paciente é que o pai é simultaneamente pequeno e, pela sua miríade, terrível. Não se organiza numa cadeia simbólica onde se possa dizer que ele possa ter «orgulho» do pai, de ter o nome do pai. Como é que se dá nome a uma experiência? Dá-se a partir da conjunção constante, partir da posição esquizo-paranóide à posição depressiva. Ou como é que se fala da experiência de uma mãe? É o chá que se partilha com ela por exemplo, ou melhor, a experiência de partilhar com ela o chá – uma experiência de conexão emocional. Para um fetichista, a mãe são os saltos altos, as cuecas, etc.. O nome da experiência para o fetichista é um nome que *cinematografiza* o desmentido da castração. No fetichismo não é apenas a clivagem do Eu, é uma cinematografia. O desmentido da diferença dos sexos fica na imagem – por exemplo, cuecas. O nome da experiência é aquele que *cinematografiza* a castração. A mente de repente apreende uma realidade que contém o desmentido da diferença de gerações. Para haver fetiche é preciso que haja uma clivagem do Eu.

Neste caso o desmentido é um desmentido interno, de tudo aquilo que signifique a realidade da diferença da alteridade e da digestão pelo Eu dessa alteridade. Este pai é fezes, é pombos, é cheiro, etc... É um senhor fraco, fingido e que é sujo como os pombos. Não é um pai simpático para se ter na cabeça!

Continuação da apresentação da segunda sessão (Parte II)

T. – *Estava a pensar que, se calhar, aquilo que dizes do teu primo, que ele dá barraca, e também do teu irmão te envergonhar e isso: é como se o teu pai também sentisse isso contigo.*

P. – *(Quase a interromper.) Mas eu sou o mais civilizado da família! Muitas vezes é o meu pai que me envergonha... Já tinha dito à Dra. X que achava que não tinha um pai normal...*

T. – *E o teu irmão, também se sente assim envergonhado?*

P. – *Eles são mais parecidos... Partilham uma série de coisas... Acho que agora ando assim um bocado isolado... Um bocado posto de parte... pronto... Não fiz nada de especial na sexta... Está sempre a dizer que não tem dinheiro... Nunca lava o carro, tem sempre o carro todo sujo de cocó de pombos, e depois gozam comigo a dizer-me que tenho o carro todo sujo... Já a minha mãe lava sempre o carro!*

T. – *Sentes-te pouco especial para o teu pai, ficas triste e sujo por dentro, parecido com o carro que não é cuidado...*

P. – *No outro dia estava a dizer-me adeus para a escola lá da janela de casa dele... O que me irrita é que assim tenho pouca privacidade... Eu não tenho muita privacidade... Por exemplo: eu já estou a entrar na adolescênci. Pelo menos é o que me dizem!*

T. – *(Risos.) E como é que te sentes?*

G. – *Bem... Pelo menos já tenho as borbulhas – o que é horrível! Mas gostava que a minha mãe batesse à porta do quarto antes de entrar... É que eu às vezes posso estar a ter uma conversa que não queira que a minha mãe saiba, posso estar a vestir-me ou a preparar uma surpresa... e a minha mãe entra quando lhe apetece para arrumar roupa e isso... Tenho lá uma série de coisas que não são minhas.*

T. – *Já disseste isso à tua mãe?*

P. – *Já. Mas mesmo assim podia bater à porta antes de entrar, mas diz que está na casa dela que não tem nada de bater!*

T. – *Pois, mas a casa dela tem um quarto que é teu. Sentes-te um bocado invadido com isso... Dizes que a tua mãe é muito arrumada, mas isso não me parece muito arrumado. É uma desarrumação diferente da do teu pai, mas parece que ela também não liga muito aos sítios de cada coisa. Isso se calhar também te deixa desarrumado: confuso, zangado...*

P. – *Acho que eles ligam muito mais ao meu irmão... Nisso o meu pai e a minha mãe são iguaizinhos... Digamos que ele tem 75% e eu 25%... O meu pai e o meu irmão são muito parecidos: gostam muito de ir para o parque e depois no caminho para o parque há imensos pássaros e eu tenho medo que eles apareçam; só que ele diz que se aparecerem enxotamo-los, mas se eles os enxotam aí é que podem ainda mais vir para cima de mim... Por isso eu não vou...*

T. – *Esse medo dos pássaros afasta-te do pai, não é?*

P. – *Hum, hum...(Silêncio.)*

T. – *O que é que ficaste a pensar? De repente ficaste aí mais metido para dentro...*

P. – *A minha mãe está sempre a dizer que eu fico o tempo todo no maple ou não sei quê... Acho que quer dizer que passo muito tempo sentado... Está sempre a ver se eu como isto ou aquilo, sempre a criticar. (Silêncio.) A minha mãe deu-me um Ipod no Natal, mas agora é a primeira coisa que me tira quando me castiga... Chego à conclusão que me dá as coisas para poder*

tirar-mas... (Silêncio.) A Dra. X disse que eu estava a perder a infância por-
que tinha de ser muito organizado, ia ao cacifo muitas vezes, e ela disse que
isso podia ser mau para mim quando fosse adulto...

T. – *E o que é que tu pensas sobre isso?*

«Ai pode» ou não pode constituir a separação?

«Ai pode?[39]» ou «Ai não pode!». «A minha mãe deu-me um Ipod ("eu posso" e também "Ai posso?") mas a seguir tirou-me *o pode*». A mãe desconstitui a fronteira do íntimo que é o terceiro. O nome da porta que separa a criança da mãe é a porta paterna. A criança está protegida porque há um terceiro que separa. Esse separador é o lugar onde o jogo da bobine, o *«fort-da»* não é mais *interlocutado* pelo jogo, é o lugar em que o sujeito afirma a descontinuidade em relação à mãe em nome da relação ao pai. Este é o corte do paterno. Na cabeça da mãe deste rapaz não há lugar para o pai. Portanto «ai pode» defender-se destes ataques que a mãe faz para desconstituir o terceiro ou «ai não pode»? Não pode!

A formulação interpretativa para esta criança neste contexto seria: que é que achas perante essa mãe que te abre e fecha as portas e não deixa que haja portas lá em casa? Achas que o teu *ai pode* defender-se disso? Ou o teu *ai não pode* defender-se disso? É a utilização do deslize do significante porque rompe a cadeira associativa e põe o sujeito perante o seu drama. E ao mesmo tempo economiza meios.

Não se deve falar árabe com um chinês nem chinês com os árabes. Wittgenstein diz que a linguagem é do Homem que a profere. Se eu digo «ai pode», fui eu que o disse. A comunicação do terapeuta deve fazer-se sobre a estrutura da linguagem do sujeito. Porque a linguagem do sujeito é a língua que lhe pertence.

Há uma vírgula na interpretação. Uma das formulações possíveis da vírgula é permitir inscrever um dado tipo de trabalho interpretativo, que se realiza a partir da estrutura de significantes que existe no paciente e que se caracteriza por subverter essa cadeia de significantes pela teoria subjacente à cadeia de significantes utilizados pelo paciente.

Intervenção – Porque é que ele se refere sempre à Dr. X?

T. – A Dra. X é a uma psicóloga com quem esteve anteriormente e que o indicou para psicoterapia. E é precisamente isso, ele tem constantemente de pôr a mãe entre nós.

---

[39] Ipod – Reprodutores de música digital exclusivos de uma determinada marca (Apple Inc.).

Continuação da apresentação da segunda sessão (III)

P. – *Por exemplo, eu agora já estou a pensar no ano lectivo seguinte: estou sempre a pensar nas falhas que cometi. Quer dizer, não penso só nas falhas, mas pronto: também estou a pensar na mochila que vou ter, nas coisas que vou comprar...*

T. – *Isso também são falhas: as coisas que não tens...*

P. – *Exacto. Há outra coisa que também disse à Dra. X, é que gostava de ter um cão. A minha mãe diz que não tem espaço, que não se pode ter animais num apartamento. Mas há uma colega minha que também vive num apartamento pequenino e tem um cão, só que passa muito mais tempo fora de casa...Mas não pode ser porque não temos espaço... E também porque custa dinheiro... A minha mãe está sempre a dizer que lhe falta dinheiro... O meu pai é a mesma coisa. Mas é assim: eu ainda não tenho um padrasto, mas tenho uma madrasta. Quer dizer, eu nunca a vi, mas já vi o meu pai com mensagens e não sei quê, e até tinha lá um anel e eu perguntei o que era e ele disse-me que era para a namorada. Mas nunca mais me apresenta... E farta-se de gastar dinheiro com ela...*

T. – *Hoje tens falado muito do sentimento de ser deixado para trás: o teu pai com o irmão e a namorada; a tua mãe com o irmão e o dinheiro...E nem um cão te faz companhia...*

P. – *Sim. (Silêncio.) No outro dia na escola envergonharam-me. É que é assim: toda a gente sabe qualquer coisa de base, parece que nasceram ensinados... Mas eu não sei. Há lá um colega, que já foi o meu melhor amigo, que sabe as capitais todas dos países todos, e não foi no colégio que aprendeu, porque eu também lá andei e não aprendi nada disso...*

T. – *Se calhar foi o pai que lhe ensinou...*

P. – *Na sexta-feira – era o que eu ia contar mas depois esqueci-me – acabei com o meu melhor amigo...*

T. – *Então?*

P. – *Ele é o delegado de turma e tem brincadeiras muito infantis: está sempre a brincar a coisas tipo polícias e ladrões, gosta assim desse tipo de brincadeiras... Mas eu também já não confiava muito nele, porque uma vez fui a casa dele e comi quatro torradas, e ele foi espalhar pela escola toda e começou tudo a desatinar...*

A decapitação da capital

Qual é o maior pecado capital? É decapitar o nome do pai. Uma pessoa que não sabe as capitais também não sabe qual é o nome capital. *Capitos* reenvia a cabeça. Por isso se diz decapitar. Também se utiliza a expressão «cabeça do casal», para designar o homem. Uma coisa é o sistema social em que homens e mulheres têm o mesmo lugar, mas no interior simbólico do sujeito estamos a falar de estruturas simbólicas, cadeias simbólicas, momentos histórico-narrativos. Ele diz que há *coisas de base* que não sabe. Ele tem razão, ele não sabe para que é que serve um pai. Eis o pecado capital do paciente, a falta da base paterna. Eu teria dito algo simples: é engraçado teres dito que há coisas de base que não sabes, uma delas é o teu pecado capital, é para que é que serve um pai.

Nesta formulação interpretativa ocorreram vários processos. Em primeiro lugar notei a experiência – há coisas de base –, em segundo, prestei atenção à experiência e à cadeia de significantes que o paciente produziu a seguir, tal como ensina Freud com a regra da associação livre. Em terceiro organizei em nome de uma unidade depressiva de significação, aquilo que o paciente me comunicou de uma forma dispersa.

Interpretação validada pela transformação

Freud ensina algo muito interessante sobre a cadeia associativa. Mas a única forma pela qual ele a desenvolve é na regra da associação livre. Se for vista de forma escrupulosa, dizer tudo o que se passa pela cabeça, sem fazer nenhuma crítica, é uma regra só passível de ser cumprida pelo analisando no fim da análise paradoxalmente, porque é quando solta o pensamento. Aqui é que se sente mais apto a pensar pensamentos. Reparem, o terapeuta disse-lhe: se calhar não tem um pai para lhe ensinar! E ele diz, na sexta feira, acabei com o meu maior amigo. O paciente responde à interpolação feita pelo psicoterapeuta como dizendo algo que acabou entre dois homens.

Em que lugar é que um paciente confirma ou infirma uma interpretação? Pela associação subsequente do paciente confirma-se a proposta interpretativa. Há um T(O) que é o ponto de origem na mente do paciente, um T(∂) que é o que se passa na mente do paciente, e um T(ß) que é aquilo que o paciente comunica. O T(ß) do paciente é o T(O) da origem no analista, aquilo que se passa na mente do analista. Se a resposta que

o terapeuta dá despoleta uma cadeia associativa, quer dizer que se estabeleceu uma relação para além daquilo que o sujeito ouviu. A resposta é simultaneamente e aparentemente deslocada, mas contém em si própria um

98   Teoria das Transformações

processo transformativo perante algo que lhe foi comunicado. Quais são as formas pelas quais nós podemos saber se uma interpretação é válida?

1°. Quando o paciente diz: «Ah! Nunca tinha pensado nisso!». A mente aqui deslocou-se e o «não tinha pensado nisso» é o lugar onde o paciente afirma que entrou em contacto com algo que surgiu pela palavra da interpretação e agora é recolocada noutro contexto. O «nunca tinha pensado nisso» é uma confirmação da interpretação.

2°. Quando o paciente nega a interpretação mas tudo o que vem a seguir a confirma. O paciente percebeu ou entrou em contacto, acabando por validar a interpretação independentemente da negação.

3ª. Pela associação subsequente produzida pelo paciente após a interpretação, que confirma a validade da interpretação. Por exemplo «isto lembra-me um sonho que tive».

Estas três formas de validação da interpretação contêm também um processo de transformação. Há uma transformação que é operada em função da comunicação. Se não há transformação é porque a interpretação foi completamente ineficiente.

Continuação da apresentação da segunda sessão (IV)

P. – *Mas houve uma coisa que aconteceu na sexta que eu não gostei: eles lá na escola estão com a mania da educação para a saúde e isso tudo, e então escolheram quatro alunos obesos para terem umas aulas de ginástica especiais. E escolheram-me a mim... Começou tudo aos risos e segredinhos, e eu pedi à professora para ir guardar a caderneta e fiquei a chorar no meu cacifo... E o meu amigo foi dizer a toda agente que eu ia para a hora dos obesos... A minha mãe vai autorizar porque diz que me faz bem, mas eu não quero ir, ainda vou ser mais gozado... Não gosto nada da minha turma!*

T. – *E se calhar também estás triste e zangado com a tua mãe por ela não te proteger dessas coisas...*

P. – *Gostava mais do meu colégio, sentia-me mais seguro e as instalações eram mais fixes e ofereciam o material e isso... Era muito melhor! Nesta escola é tudo porco: ainda no outro dia teve de estar a professora a limpar a sala antes de começarmos... Está cheia de pessoas pouco civilizadas... (Silêncio.) Mas também tinha outra coisa para dizer: eu às vezes sonho com coisas e depois parece que acontecem na vida real... Eu tento sonhar com coisas de que gosto, mas depois os meus sonhos desviam-se. Por exemplo, a última vez que fui fazer um trabalho a casa do meu melhor amigo, parecia que já tinha visto aquela casa em algum lado... E agora lembreime de uma coisa que parecia que já tinha dito na outra vez...*

T. – O quê?

P. – *Estes quadros... Fazem-me lembrar o anfiteatro da escola com graffiti... Deve ser a minha cabeça que está muito baralhada, não sei...*

T. – *Seja como for, é uma coisa suja, não é? E tu ficas muito sensível às coisas sujas porque devem ser parecidas com as tristezas e as zangas que tens dentro de ti e que sentes quando gozam contigo... Se calhar aqui é parecido com o anfiteatro porque trazemos essas coisas sujas cá para fora e falamos nelas...*

P. – *O pior nem é o anfiteatro, o pior são as visitas de estudo porque vai muita gente e vamos sempre a sítios que têm pombas... Quando é só a minha turma, nem me importo, mas quando é com outras também... Quem me dera que houvesse uns comprimidos que eu tomasse e ficava curado... mas a minha mãe diz que isto não tem cura...*

T. – *Às vezes são muito difíceis estas visitas de estudo que fazemos aqui...*

P. – *É muito difícil ir para casa do meu pai: está toda desorganizada e nojenta! A empregada também só lá vai uma vez por semana e ele não arruma nada enquanto ela não vai. O lava-loiça está sempre cheio de loiça suja: é nojento, e nem me consigo aproximar para lavar uma maçã ou isso... Vou lavá-la à casa de banho. Mas aí também é nojento: está cheia de cremes e pastas de dentes e roupa suja, tudo ao molho... E depois tem a mania das colecções, todas espalhadas... E tenho de partilhar o quarto com o meu irmão, e eles acordam sempre mais cedo e ficam para lá aos berros e eu não consigo dormir nada... O pior é que hoje vou para casa dele. Tem muita falta de higiene por causa da loiça e isso, e eu nem sei se o copo em que bebo água já foi usado pelo meu irmão e nem lavado está, é nojento...*

T. – Nojento como?

P. – *Então: sabe-se lá se ele tem algum micróbio ou isso... É mais higiénico beber de um copo novo! Por exemplo, nos dias em que não se vai sair de casa, uma pessoa arranja-se normalmente, mas o meu pai não, fica para lá de pijama e roupão. E pronto, também há aquela história do meu tio... E o pior é que quando os meus primos fazem alguma coisa, quem leva as culpas sou eu, e depois se digo que não fui eu, ainda levo sermão por ser queixinhas e por dever dar o exemplo e não tomar conta deles. Levo sermão triplo! Ou sêxtuplo, porque levo dele, dos meus avós e dos meus tios... É tudo em cima de mim! São mesmo secantes, odeio-os! E só fazem coisas nojentas: usam a mesma t-shirt uma semana inteira, não tomam banho, comem no chão ...*

Em nome da mãe

O paciente está sempre a dizer o mesmo. Não é para dizer alguma coisa, é para dizer o mesmo: o significante sujo. A escola está suja, a casa do pai está suja, os copos estão sujos, etc.. O paciente ensaia uma transformação projectiva no próprio *setting* terapêutico, que é transformado numa «coisa suja». Se pensássemos numa invariante e a na transformação dessa invariante, compreendíamos que, neste caso, a invariante sujidade do seu discurso nunca é transformada, é apenas deslocada numa cadeia de significantes para se manter igual a si própria. O que é horrível: ter um pensamento ao dispor e não o utilizar. Além disso a sujidade invade todo o mundo.

O sujo é o paterno. Trata-se de pôr em marcha uma acção, na tabela, a partir do enunciado falso. O enunciado falso é «o pai é sujo», «o pénis do pai é sujo, a ligação homem-mulher é suja, o que vem do pai é sujo», «o esperma é fezes», etc.. Há uma ampliação do sujo sob uma ordem pseudo-obsessiva. O paciente tem a mania das limpezas, só que a limpeza é falada por ele em nome de outra coisa, em nome da mãe. O obsessivo tem uma relação ambivalente com o pai, em que a parte hostil do sujeito não implica a desconstituição simbólica do nome do pai. Pelo contrário, o pai vai exprimir-se através do Supereu do sujeito.

Neste rapaz o nome do pai é para abolir a qualquer preço. O nome do pai dele é a mesma coisa que o nome da *merda*. O que é que ele fez ao nome? Há sempre muitas razões para abolir o nome do pai. A abolição do nome do pai tem consequências pesadas na vida deste miúdo. E ele tem o mesmo nome (primeiro nome).

Não há homens, nem mulheres; há o masculino-terceiro

Foi dito que este rapaz precisava de um terapeuta homem. Não existem homens psicoterapeutas, nem mulheres psicoterapeutas. O que o paciente precisa de perceber é o que é que é um homem! A introdução do ternário não pertence nem a homens nem a mulheres. Os psicoterapeutas transportam consigo uma sexualidade masculina, porque a sua palavra é emitida em nome da lei. A relação secante que secciona o sujeito da relação ao outro, esse outro primário fundamental para que possa emergir uma verdadeira linguagem. Não pertence a homem e mulheres.

Melanie Klein falou muito pouco do pai e Lacan fez o mesmo relativamente à mãe. O nome do pai é incontável, assim como o nome da mãe.

O problema é que o nome do pai é «em nome do pai» e ele desconstitui-o a todo o momento, tal como o valor do nome do pai. Tudo o que vem do pai é algo que é de deitar fora. Como o «em nome do pai» é deitado fora, o pai transforma-se num ser paranóide dividido em múltiplos fragmentos que não se organizam de uma forma única – os pássaros!

Não ver porque já foi visto

Este *déjà vu* do paciente não é um *déjà vu*. Simplesmente, o paciente entrou lá e diz que já viu isso. Mais, diz que já viu isso (uma pintura) porque lhe parecem *graffitis*. O paciente transforma projectivamente um quadro em *graffitis*. A experiência de *déjà vu*, ou de *déjà entendú*, toda a gente já teve. É uma alucinação negativa. Uma alucinação é uma percepção sem objecto. Aqui o que acontece é que uma percepção não é vista, precisamente porque já tinha sido vista. No *déjà vu* habitual a pessoa não sabe porque é que sabe, porque não sabe onde é viu, ou o que é que viu. Aqui o *déja vu* remete para uma percepção anterior que o sujeito reconhece. Isto é que é uma transformação projectiva.

Primeiro ponto de origem: é sujo. Em seguida a sujidade é transformada sob a forma de *graffiti*. Por último é o terapeuta sujo, num ambiente sujo, cheio de fezes, de pombos, de tudo. O terapeuta ou se demarca desta situação ou está condenado a ser transformado numa *toilette* de segunda categoria num qualquer sítio perdido... Esta transferência não é paterna, porque não pode ser transferido algo que não está dentro do sujeito.

Na transferência neurótica, o afecto repete um ciclo temporal, por isso é que se chama a temporalização da transferência, que regressa a um lugar onde essa temporalização não aconteceu. O que é transferido é o tempo actual. Ele não tem esse poder.

Continuação da apresentação da segunda sessão (Parte V)

P. – *(...)e se digo alguma coisa fico de castigo: tira-me o telemóvel... É conforme as coisas que ele me dá. Não gostei nada que me tivessem sujado com sumo!*

T. – *Sujado com sumo?*

P. – *Lá na escola... E foi mesmo à frente da pessoa de quem gosto, e depois ele riu-se... Não sabia* o que havia de fazer... Eu quando chego conto-

102 Teoria das Transformações

-lhes logo tudo o que tenho de interessante para contar naquele dia, e depois fico sem palavras... (Silêncio.) Eu não sou nada baldas, mas às vezes apetece--me faltar.

T. – *Também te sentes muito desorganizado por dentro... Sem saber o que hás-de fazer, sem vontade de fazer nada...Como o pai de pijama o fim de semana inteiro...*

P. – *Hum, hum... Mas depois, se falto, levo um recado na caderneta e quando chegar a casa fico de castigo. Com os trabalhos de casa também levo recados na caderneta, mas em casa do meu pai não consigo fazer trabalhos de casa... E depois ele não me ajuda nada, ou quando ajuda ainda é pior! Só sabe ficar preocupadinho com tudo aquilo que ele gosta... Não se preocupa connosco... Parece que às vezes é mais importante tudo o que ele tem do que tecnicamente eu...*

T. – *Tecnicamente...*

P. – *Eu gosto muito dessa expressão.*

T. – *Eu sei. As expressões que as pessoas usam são importantes...*

P. – *(Interrompendo.) No outro dia, em ciências, abrimos um coração: foi nojento!*

T. – *O que estavas a dizer, que o teu pai dá mais importância às coisas do que a ti, corta-te tanto o coração, deixa-te tão triste que tens de usar expressões dessas, como tecnicamente, para te protegeres um bocado dessa dor...*

P. – *O meu pai tem andado todo coisinho com os assaltos e isso, e então queria que eu fosse sempre para casa dele nos dias em que saísse mais cedo e não tivesse actividades.*

Criando um objecto psicanalítico modificado; disjunção

Este pai é *porquinho, preocupadinho, coisinho, fraquinho* perante o tio, *nojentozinho*, tudo o que pai diga ou faça, tudo o que possa ter de valor é estabelecido sobre o desmentido. Ele está a todo o momento a fazer desaparecer o pai da consciência, a abolir o pai dentro dele. Não há nada que venha do pai que valha alguma coisa. O enunciado falso e uma acção – a incapacidade de fazer qualquer coisa em casa do pai. O enunciado falso é que o pai não é pai, é um «*bolo fecal* com pernas».

É preciso comunicar-lhe este problema. A vantagem de criar um objecto psicanalítico modificado (OPM), é a de conseguir que um paciente perceba algo que se encontra condensado. Neste caso, que o pai foi reduzido a qualquer coisa que não vale nada, que tudo o que exprime uma lei é condensado sob a forma de desqualificação e desvalorização, que o pai é desvirtuado de todas as coisas. É assim que se cria um objecto psicanalítico modificado. Criamos algo que resulta da palavra do paciente mais a teoria que o explica e a partir desse momento eu posso interferir com o paciente: «lá estás tu a pôr pernas a um *cocó*».

Comunicando-lhe que ele traz o mesmo problema, ele pode ser usado ao longo do trabalho terapêutico como uma disjunção em cima da comunicação do paciente. Porque a interpretação para ser conjuntiva tem de ser disjuntiva. Em todas as interpretações. Klein explica-o muito bem. Ela não verbaliza directamente, mas tem um postulado que implica esta ideia: a interpretação é ansiogénica para o Eu e ansiolítica para o Id. Aumenta a ansiedade no Eu mas diminui a ansiedade no Id. Porque é no fantasma que está no registo inconsciente que ela vai actuar.

Interpretações ansiolíticas para o Id

Esta última ideia levanta problemas técnicos curiosos. Como é que se cria condições para criar interpretações que sejam ansiolíticas para o Id? Podemos fazê-lo diminuindo o potencial ansiogénico do Eu. Onde é que se gera a resistência à interpretação? Pelo excesso de ansiedade. Como é que se chega a um OPM (Objecto Psicanalítico Modificado?

Neste paciente: «é curioso como o teu pai para ti são fezes. É curioso como estás sempre a ver isso no teu pai. É curioso como o desqualificas e o transformas sempre num ser nojento, é como se o teu pai fosse *nojo com pernas*. É como se sentisses o teu pai como «cocó com pernas». E aqui temos a produção final. Isto pode ser dito ao paciente a todo o momento.

E a isto chama-se criar um objecto psicanalítico modificado que resulta da relação continente-conteúdo, em que a atribuição por continente a conteúdo, por outorgação de um nome, pode criar uma abstracção, abstracção essa que pode ser utilizada a todo momento, pelo psicoterapeuta ou analista.

Este conceito foi desenvolvido no livro «A função Continente do Analista», integrado no livro "Psicanálise em Tempo de Mudança"[40]. Este objecto funciona como um gerador de um campo expansivo da mente, não como um campo retractivo da mente. A partir do ponto de origem, a mente

---

[40] AMARAL DIAS, C. & Fleming, M. (1998). *A Psicanálise em Tempo de Mudança: Contribuições teóricas a partir de Bion*. Porto: Edições Afrontamento.

é expandida para áreas diferentes. Bion, no seu trabalho «*On Turbulence*»[41], refere que a boa interpretação deve atirar o analista e o analisando para áreas inexploradas de ambas as mentes.

Imaginar um pai como um «cocó com pernas» é uma ideia bizarra, ou melhor, uma área inexplorada da mente. Proceder desta forma permite o funcionamento da relação terapêutica, aliás, se não for assim, não é mais nada.

Preparando o terreno

Mas é preciso preparar o chão, o terreno, já que ao contrário de Klein, que fazia

interpretações directas sem levar em conta o Eu, nós precisamos ter, tal como Bion enunciava:

1.º Capacidade de formular a interpretação;
2.º Capacidade de criar um campo onde essa formulação possa ser internalizada pelo paciente. Se não cria-se um campo em que o paciente fica intolerante à interpretação. A progressiva organização do processo interpretativo, leva à diminuição da ansiedade egóica.

Continuação da apresentação da segunda sessão (V)

P. – *(...) Queria que eu fosse para casa dele para não ser assaltado. Fica todo com medo dos assaltos e não me deixa levar nada para a escola... Parece que só se preocupa com os bens: ele está mais preocupado se me roubam o Ipod do que se eu fico com traumas... Levem lá o Ipod! Mais vale que levem os bens do que, tecnicamente – UPS! Outra vez...*

T. – *(Risos.) Não faz mal dizeres outra vez, mas percebeste que estavas a referir-te, outra vez, a uma situação muito dolorosa? É como se também precisasses de fugir de ti, dares uma grande volta no que dizes para não encontrares esses sentimentos... Foges para palavras muito técnicas e muito arrumadas. É uma espécie de mentira que fazes a ti...*

P. – *Agora farto-me de mentir à minha mãe por causa das comidas... Ao meu pai nem digo... A minha mãe está sempre a mandar-me sandes para o*

---

[41] BION, W. R., (1977d). Emotional Turbulence, in *Borderline Personality Disorders*, New York: International University Press. Reprinted in *Clinical Seminars and Four Papers*(1987). [Reprinted in Clinical Seminars and Other Works. London: Karnac Books, 1994].

lanche, nunca me manda coisas que eu gosto mas que engordam um boca-
dinho mais, tipo bolicaos ou isso... Então eu acabo por ir ao bar comprar o
meu lanche da manhã. Antes não, mas agora estou quase sempre a ir... Agora
estou a mudar de voz, que seca!... É que eu não sei se estou rouco ou se estou
mesmo a mudar de voz...

T. – *Estás numa fase muito confusa...*

P. – *(Interrompendo) Tenho de fazer uma plástica para tirar esta voz!...*

O caos bulímico e a plástica vocal

A palavra *bolicao* pode ser vista psicanaliticamente como criar um «caos
na bulimia». E depois ele enuncia uma ideia fantástica: fazer uma plástica
para tirar a voz masculina! Claro que é preciso fazer uma plástica para tirar
a masculinidade, para tirar o paterno da garganta, para tirar a testosterona
das cordas vocais. Mais uma vez uma transformação projectiva: «A minha
laringe é o meu pai». O que é que é um pai? É um lugar em que uma laringe
muda. Por isso ele tem de fazer uma cirurgia plástica à laringe. A transformação projectiva opera assim.

Continuação da apresentação da segunda sessão (VI)

P. – *(...) Tenho estado a olhar para este quadro...*

T. – *E o que sentiste?*

P. – *Não é bem um sentimento... Estas casas são velhas e desorganizadas...*

T. – *Enfim... Esta sala hoje ficou cheia de coisas desorganizadas que tinhas*
para aí... Mas estás a ver como podemos estar no meio de coisas desorgani-
zadas sem nos perdermos?

P. – *Mas aqui não faz tanto mal porque é arte...*

T. – *Sim, vamos fazendo arte com as coisas desorganizadas.*

Apresentação da terceira sessão (Parte I)

P. – *Hoje por acaso estive para ir comprar pastilhas, só que depois não fui.*
Não sei se era porque estava com pressa...

T. – *Porque será que tiveste essa vontade e depois deixaste de a ter?*

P. – *Deixa cá ver: hoje acordei, fiz a minha toilette para sair de casa e depois saí, e trazia dinheiro para comprar pastilhas; depois apanhei o autocarro, saí no metro para a escola e pronto. Acho que era porque estava com pressa... Também, já tinha comprado uma bola de Berlim. Mas se calhar compro pastilhas quando for embora. Hoje eu e o meu melhor amigo fizemos as pazes e eu consegui arranjar-lhe a morada de uma colega para ele escrever-lhe uma carta de amor. Ontem na Net fiquei amigo de uma data de actores da novela. Já começo a ser mais popular...*

T. – *Como é isso de ficar amigo das pessoas da novela?*

P. – *Vamos às páginas deles e adicionamo-nos como amigos, dizemos alguma coisa, que queremos ser amigos deles e isso, e depois o dono da página tem de aceitar e se aceitar ficamos amigos...*

T. – *Portanto foste aceite...*

P. – *Exacto! Era mesmo o que eu queria! Para além disso... (Silêncio.) Ah! Ontem estive outra vez a pensar matar-me, mas depois pensei um bocadinho e não o fiz... Acho que já lhe tinha dito que já tinha tentado... Ou pensado, pelo menos...*

T. – *Sim, sim... Mas como foi?*

P. – *Hum... Hum... (Silêncio.) Por acaso foi depois de discutir com a minha mãe... Costumo pensar nisso depois de discutir com a minha mãe...*

A tragédia da dependência

A tragédia da dependência é quando aparece a ideação suicida. Este paciente tem uma patologia *border*, em primeiro lugar porque é proteiforme (tem muita coisa), e depois porque: por um lado mata o pai (abole o nome do pai dentro dele e não em nome do desejo, o que seria simpático, mas que implicaria supor um lugar vazio, ocupado outrora pelo pai e que agora é colocado num lugar vazio – é uma suposição de Laios morto); por outro morre. E morre em nome da mãe.

Quando lhe aparece a dor? É na separação (pela dependência). Zanga-se com a mãe e sente-se desorganizado e quer morrer. A dependência em relação à mãe está também presente, aliás, a mãe é como o reverso da medalha do pai. O desamparo que o paciente sente com o desaparecimento da mãe, com esse objecto ao qual ele se sente colado, coloca uma catástrofe psíquica ao paciente: «sempre que me zango com ela apetece-me matar-me».

Existirá suicídio «ou» homicídio?

O suicídio e o homicídio existem? Pensem em Abel e Caim. Não poderá ser o homicídio um suicídio camuflado? Quem mata um irmão não se está a matar também? E quem se mata, não está a matar outros também? Aqui – paciente -há um lugar da morte do objecto que só pode ser enunciado pela forma da morte do próprio. Ele gostava mas é-lhe impossível desligar da mãe. Portanto essa condição está associada à forma da morte.

Metonímias e bolicausas

Depois há a parte psicótica da mente em que ele fica «cheio de amigos» simplesmente porque se inscreveu pela *internet* num site para ser amigo «da novela». Até diz que está mais popular porque é «amigo da novela». Ele não introduz uma ordem metafórica, mas uma ordem metonímica. Relembro Rosolato[42] e a sua conceptualização de metáfora e metonímia. A estrutura metafórica organiza a linguagem neurótica. A estrutura metonímica é a confusão da palavra com a coisa, é onde se organiza a parte psicótica, que é o que está activo quando ele pensa que por ter sido aceite pelos morangos é mais popular.

O paciente procede metonimicamente para organizar uma relação com a sua *bolicausa*, o vazio deixado *por*. Estes são pássaros ao contrário, são objectos mentais gerados pelo paciente destinados a preencher uma falha primária no sujeito. Se o paciente passa a vida a dizer que a mãe é boa, mas quando a mãe e ele se zangam, ele quer matar-se (logo matá-la), é porque a zanga é para ele intolerável por não haver uma diástase[43] entre ele e a mãe. Além disso o paciente tem um vazio deixado por este objecto que não é um objecto que permaneça internamente, é um objecto de colagem e dependência.

Há uma *bolicausa*. Se não soubermos «brincar» com o significante não conseguimos transformar um *bolicaos* numa *bolicausa*, isto é, não somos capazes de explicar ao paciente que a *bolicausa* dele é o lugar vazio deixado

---

[42] Rosolato, G., "La Pulsion de Mort en Tant Que Mythe", in *Psychanalyse à L'Université*, 1988, 13, 50, p. 255.

[43] Diástase, oriundo do grego *diastásis* que significa separação, distância. Nos dicionários da línguaportuguesa é um termo da medicina utilizado (principalmente) para designar o afastamento anormal de duas superfícies articulares adjacentes, sem luxação.

pelo objecto, que esse lugar é o lugar onde ele fica obeso, que a obesidade dele é uma *bolicausa* (*bolicausado*) pelo vazio deixado pelo outro.

O modelo teórico subjacente é o de Melanie Klein: voracidade e avidez. Como é que se operacionaliza este modelo? Comunicando-lhe a sua voracidade e avidez? Podemos interpretar desta forma, mas se conseguirmos transformar o *bolicao* numa *bolicausa*, talvez ajudemos o paciente a perceber que a *bolicausa* não é uma boa causa para viver. Utilizar o significante como uma placa giratória, que permite inserir os modos de funcionar do sujeito numa cadeia de significantes transformativos. Será uma *boa causa* viver em nome de uma *bolicausa*? Não me parece. E é claro que se pode explicar isso ao paciente. A condensação da interpretação é o lugar onde a interpretação é simultaneamente notada, atendida e indagada.

Já temos dois objectos pensáveis: a mãe é uma *bolicausa*, é a causa da bulimia dele. A *bolicausa* é o lugar onde ela não lhe dá de comer (não lhe dá coisas que o engordem). Embora a mãe não lhe dê o que ele quer, ele vai comer *bolicaos*. Aquilo que ele quer está ligado ao desejo de preencher esse vazio (que a mãe não preenche ao dar lhe alimentos que «não prestam»). O outro objecto que se tornou pensável ao fazer girar o significante é o facto deste pai ser um «cocó com pernas». Estes dois objectos parentais interiorizados não são simpáticos! Não é fácil ter uma mãe «bolicausa» e um pai «cocó com pernas».

Continuação da apresentação da terceira sessão (parte II)

P. – *Discutimos porque... Está sempre o dinheiro envolvido: diz que não porque não há dinheiro, que sim porque há dinheiro! É tudo derivado do dinheiro. Não é que eu ache que o dinheiro é mau... Não se pode viver sem dinheiro... Mas a minha mãe está sempre a dizer que não há dinheiro para isto nem para aquilo, e eu não gosto muito disso...*

T. – *Porque é que achas que ela diz isso?*

P. – *Não sei... Acho um bocadinho estranho. (Silêncio.) Bom, não tem nada a ver mas eu quero dizer isto: quando eu acabar de estudar, vou fazer uma espécie de volta ao mundo, mas para aí em 2 anos, não é em 80 dias! Vou a todos os países que ainda não fui... No Inverno vou fazer uma viagem com os meus tios e os meus priminhos horríveis! E vou ficar naquela casinha horrível deles, toda desorganizada e malcheirosa! Eles lá têm umas rotinas um bocado diferentes das nossas, e vestem-se todos mal; portanto, vai ficar toda a gente a olhar para mim porque vou ser o único a ter estilo...*

T. – *Mas olha que ser o único assim... Tu dizes isso cheio de orgulho em ti, mas estava a pensar que não deve ser muito fácil não haver ninguém com quem te sintas parecido...*

P. – *Ah! Não é preciso!*

T. – *Não? É muito bom estares sozinho?*

P. – *I'm very good! Vou levar todas as minhas roupas da ...(enuncia marca de vestuário). Tive tudo certo na escola! É tão fixe! A professora não pôs very good porque não deu notas a ninguém...*

Constrói o teu próprio destino, sê veryGOD

Claro que uma pessoa *badgod* com o pai e com a mãe, só pode ser *veryGOD*. Controla o seu estilo, é sozinho, determina o seu próprio destino, é ele que escolhe a sua *bolicausa*, é ele que mata e desconstitui o pai. Ele está sozinho. *Not very good, very GOD.* Aqui joguei novamente com a palavra. Esta é uma transformação: na falha do desamparo, na *forclusão* do nome do pai, o sujeito afirma-se desmentindo a necessidade primária do objecto materno e desmentindo a lei do pai. Qual é o destino? É ficar com um sentimento que vem de uma parte psicótica da mente, por exemplo, basta inscreverse no site «da novela» como amigo que se torna logo popular e vai ficar cheio de estilo. O paciente transforma projectivamente a sua dificuldade, a sua fragilidade, a sua falha, numa espécie de idiossincrasia válida. Mas uma idiossincrasia não é uma identidade, é apenas uma singularidade. Quando se transforma uma idiossincrasia numa identidade é porque nem uma nem outra existem de facto.

Continuação da apresentação da terceira sessão (Parte III)

P. – *(...) Ah, não fiz o trabalho de casa escola porque não percebi muito bem a matéria: é o should e shouldn't...*

T. – *Sabes o que quer dizer?*

P. – *Não sei bem... Acho que se usa para ajudar as pessoas, fazer acções, «blá blá blá»...*

T. – *Devo fazer isto, não devo fazer aquilo...*

P. – *Acho que é isso... É que eu às vezes não percebo logo muito bem, porque a professora é inglesa e dá as aulas todas em inglês. Mas se eu já não percebo ao princípio, também não percebo como ela explica...*

110 Teoria das Transformações

T. – Pois… Mas estava a pensar que se calhar também não percebes muito bem como são estas coisas do dever na língua materna…

P. – Como? Não percebi…

T. – Podes fazer isto porque há dinheiro, não podes porque não há dinheiro… As questões do dever e do valor complicam-te a relação com a mãe, com o pai e os outros…Mas principalmente são coisas muito difíceis de perceber na língua da mãe…

P. – Não é muito difícil, sei falar bem!

T. – Não é muito difícil? Mas quando a mãe diz que não deves ou que não podes, ficas tão zangado que até pensas em matar-te…E isso não é difícil?

P. – Ah, pois! Já percebi. (Silêncio.) Adoro andar de comboio e agora ando todas as semanas de minha casa para aqui! E hoje saí na estação certa e não apanhei um único pássaro (Silêncio.) É a terceira sessão, não é?

T. – Sim, mas porque pensaste isso?

P. – É giro. Pensava que era diferente… É melhor do que no consultório da Dra. X, que é só uma cadeira, uma secretária, outra cadeira e pronto. Aqui é mais confortável, estou mais descontraído… E como sei que não fala com os meus pais, posso dizer tudo!

T. – E isso, se calhar, também provoca algumas mudanças em ti… Estava a pensar na questão de não teres comprado pastilhas… Talvez tenhas andado a sentir-te bem alimentado aqui, e não precises tanto de comprar pastilhas, de andar a mastigar coisas que não te alimentam: sentes-te mais confortável neste caminho que aqui estás a fazer.

P. -Às vezes acho que me odeio… Não sei porquê… São diversas as razões… Acontece muito quando me zango com outras pessoas…

T. – Se calhar é uma mistura de te odiares com odiares os outros que te põem zangado e triste…É muito difícil para ti odiares o outro; é tão difícil que em vez de te zangares, pensas em matarte… Mas eu pergunto se esses pensamentos de te matares não são, também, uma maneira de ferires a tua mãe, de te zangares com ela assim de uma maneira escondida…

P. – Como o tecnicamente…

T. – Exactamente! Vês as estações de comboio que tu já vais descobrindo aqui? Essa foi muito bem pensada!

P. – Eu acho que alguns dos meus problemas também se baseiam na escola… Passo lá muito tempo… Eu não gostei muito quando saí do colégio: tinha lá muitos amigos. Gostava mais de andar no colégio: acho que ia *aprendendo melhor... Também é mais higiénico; na minha escola está sempre tudo sujo. E estão sempre a pôr as auxiliares em cima de nós: estão sempre nos corredores a ver se os alunos se batem e isso... As pessoas lá são menos civilizadas...*

T. – *Sentias-te mais aceite, mais valorizado dantes...*

P. – *E além disso nesses colégios as pessoas costumam ter mais educação; aqui é logo às ameaças: ou fazes isto ou levas uma pêra!*

T. – *Agora sentes-te mais ameaçado, sem quem te proteja... Mas estava a pensar se isso tem a ver só com a mudança de escolas ou, também, com as mudanças em casa, com a separação dos pais...*

P. – *Eles separaram-se, juntaram-se e voltaram a separar-se... Depois nunca mais se juntaram. Separaram-se e no dia a seguir juntaram-se porque pensaram em nós; mas se eles pensassem mesmo em nós, divorciavam-se logo, porque assim escusavam de estar sempre a discutir, sempre aos berros...*

T. – *Sempre a ameaçar, sempre à pêra... Parece muito pouco civilizado...*

P. – *Exacto! E depois tiveram de comprar outras casas e móveis e isso, e ficaram os dois com o ordenado mais pequeno e tiveram de me tirar do colégio.*

T. – *Isso também é uma maneira de me dizeres que ficaram muito preocupados com outras coisas da vida deles e com menos atenção a ti, que deixaste de te sentir reconhecido e protegido e ficaste sem perceber se gostam de ti, muito inseguro: fora de ti, na escola pouco civilizada, mas se calhar também dentro de ti, com ideias pouco civilizadas e desorganizadas.*

P. – *Eu fiquei mesmo mais inseguro... Nesta escola há imensos ciganos e pretos e isso, pessoas que cospem no chão e coisas dessas... Eu não estava habituado a isso...*

T. – *Se calhar também ficaste a pensar: será que agora os meus pais também me vêm como um preto e um cigano? Ficaste a sentir-te uma coisa que apetece deitar fora, cuspir, e não uma coisa que apetece agarrar... E tu pensaste em deitar-te fora, não é? Matares-te também é como se te cuspisses para o chão...*

P. – *Um bocadinho... Queria deitar fora 55%...*

T. – *Se calhar querias tanto deitar-te fora quanto te apetece meter para dentro coisas doces, como pastilhas – mastiga e deita fora...*

P. – *Tomar pastilhas é droga! Na novela também falam nisso!*

112 TEORIA DAS TRANSFORMAÇÕES

Mais metonímias ou lógica simétrica

«Tomar pastilhas é droga» é uma irrupção da parte psicótica da mente. Ao considerar uma pastilha elástica como droga ele está a realizar uma metonímia ou uma equação simbólica (segundo Klein), ou ainda uma ausência de transformação mental, implicando que o nome da *coisa* tenha mais valor que a *coisa*. Há «pastilhas elásticas», «pastilhas-droga» e o estar com certas pessoas pode ser «uma grande pastilha». Mas como «tomar pastilhas é droga» qualquer «pastilha» é «uma grande droga». Se a cadeia associativa é metonímica isso significa que há uma falha no aparelho de pensar o pensamento. O pensamento deve gerar metáforas. Este rapaz alterna entre uma aparente capacidade para pensar e uma queda onde o pensar falha. É o que acontece na perturbação da película do pensamento. Porque irrompe a parte psicótica da personalidade que quebra com a curso do pensamento.

O que se encontra neste rapaz é um «aparelho mental» com uma perturbação da película do pensamento que é o lugar por onde irrompe a parte psicótica. Irrompe pela falha do pensamento, porque não há pensamento algum e o resultado é que a pessoa fala sem *falar*, porque não é produzido um pensamento mas um antipensamento. Considerar que pastilhas é droga, é um tipo de processo mental que é resultante da utilização da lógica simétrica, tal como Matte-Blanco caracteriza em «The Uncounscious as Infinite Sets»[44]. A lógica simétrica implica que uma coisa seja igual à outra. Neste caso, que uma pastilha elástica seja igual a uma pastilha de droga. No modo simétrico de funcionar tudo é igual a tudo, tal como se vê nos sonhos, onde a lógica simétrica é predominante.

Na lógica assimétrica, a lógica do sistema consciente, uma pastilha não é sempre uma «pastilha». Ou é uma pastilha elástica, ou é uma expressão usada pelos consumidores dessa droga ou refere-se à utilização do termo pastilha para expressar monotonia, aborrecimento, chatice, etc. É utilizada apenas com um sentido e não se confunde com os outros sentidos do termo pastilha.

Mas o ser humano tem sempre os dois tipos de funcionamento envolvidos um no outro. A isto Matte-blanco chama a lógica bimodal. Estamos sempre a relacionarmo-nos com a lógica nestes dois modos: simétrica e assimetricamente. Numa lógica simétrica, podemos dizer de um marcador e caneta juntos, por exemplo, que a caneta está tão próxima do marcador quanto o marcador da caneta. Quando realizamos afirmações deste tipo, estamos a utilizar uma lógica simétrica. Mas não podemos dizer que uma caneta é

---

[44] MATTE-BLANCO, I. (1975). *The Uncounscious as Infinite Sets*. London: Duckworth.

um marcador e que um marcador é uma caneta. Esta é a lógica assimétrica. Quando diferenciamos objectos, ou determinadas características dos objectos, estamos a proceder assimetricamente. Quando utilizamos a mesma relação ou quando tornamos igual, estamos a utilizar uma lógica simétrica.

A pergunta que se levanta relativamente ao paciente no que diz respeito à teoria de Matte-Blanco é porque é que um paciente que tem tanta capacidade de utilizar sistemas bimodais (recorrer a ambas as lógicas), de vez em quando cai em sistemas unimodais, tal como o neologismo? O neologismo é um sistema unimodal, porque se recorre sempre à mesma relação, como por exemplo o neologismo *pessoo*, onde todas as palavras que terminam com *a* são do género feminino pelo que, para designar o género masculino, se substitui pelo *o*.

Porque há uma falha, uma perturbação da película do pensamento que faz com algo surja, algo que habitualmente está contido. O que faz com que algo surja é o lugar onde o objecto tem de estar colocado para permitir a recirculação daquilo que foi evacuado sob a forma de transformação projectiva. É isto que o terapeuta tem estado a realizar predominantemente e bem; todo o seu trabalho é colocar no interior do rapaz, através de um trabalho sistemático, estas partes dele projectadas. O que é que o objecto faz? Ocupa o lugar onde não há pensamento. Dizer que uma pastilha-droga é uma pastilha elástica não é um pensamento. É um antipensamento, é um ataque ao pensamento. Mais, é um ataque à própria forma de organizar um pensamento.

Como é que um pensamento se organiza? Por um sistema analógico. Nós caminhamos pelas analogias: *A* pela analogia com *A1 (A → A1)*. E é isto que é o pensamento analógico. Organiza uma cadeia pela passagem e pela semelhança sendo aquilo que fica para trás diferente do que o que está à frente. Semelhante não é igual. Tornar igual não é analógico.

Continuação da apresentação da terceira sessão (Parte IV)

T. – *Pois é, os doces para ti podem funcionar um bocado como droga...*

P. – *A minha mãe não autorizou aquilo da ginástica especial para obesos na escola! Fixe! Primeiro ela disse que eu devia ir, mas depois viu que o horário não dava: acaba mesmo à hora de chegar aqui, não dava tempo.*

Hoje é dia de S. Valentim. O namorado da minha melhor amiga ofereceu-lhe uma rosa, e ela ofereceu uma t-shirt a dizer amo-te... (Ri-se.) E ele anda a usá-la! Que barraca!

T. – *Se calhar gostam de sentir e mostrar que há uma pessoa que gosta muito deles.*

114 Teoria das Transformações

P. – *Eu também gosto de uma pessoa... Mas não lhe posso dizer...*

T. – *Deve ser muito difícil ver os teus amigos assim e sentires que não podes fazer o mesmo...Achares isso uma barracada se calhar é uma maneira de puderes falar dessa dificuldade...*

P. – *Exacto! Apesar de eu já ter tido uma conversa com ele... Uma não, já tivemos imensas, mas não me lembro de todas... (Silêncio.) Aquilo é um alarme de incêndio?*

Mais um desmentido

O paciente desmente a diferença dos sexos: o colega que oferece uma flor no dia de São Valentim e recebe de uma rapariga uma T-shirt a dizer «I love you» é para o paciente uma *barracada*. Mas depois pergunta se há um alarme para incêndios. Ou seja, o fogo que ele deitou por ter feito arder a diferença dos sexos, o valor simbólico das gerações.

Continuação da apresentação da terceira sessão (Parte V)

P. – *(...) Acho giras aquelas coisas... Também queria ter uma em casa... Está sempre a acender luzinhas... Têm em todas as salas? Só reparei nesta...*

T. – *Num local público é obrigatório...Mas e tu, será que também te sentes alarmado quando falas com esse rapaz?*

Deslizar do significante

O terapeuta fez deslizar o significante.

Continuação da apresentação da terceira sessão (Parte VI)

P. – *Não. Tenho é medo de dizer coisas que não deva.*

T. – *Sim, era nesse sentido... Medo da barracada: andas sempre com o alarme ligado com medo dos incêndios na barraca...*

P. – *Não gosto de dar demasiada barraca...*

T. – *Talvez esse teu medo e preocupação com a barraca tenha a ver com esse alarme contra os incêndios da paixão, da zanga, de emoções fortes... Tens medo de ser rebaixado e rejeitado por causa delas...*

P. – *Estava a pensar o que é que pode estar dentro deste armário... É um mistério!*

T. – *Podes ver, mas o que é que pensas que pode haver?*

P. – *Colecções não tem! Mas pode ter prateleiras e isso... (Abre-o.) Exacto! Prateleiras, com guardanapos, um relógio... Agora a minha curiosidade está satisfeita!*

T. – *Fiquei a pensar que a tua curiosidade também tem a ver com o que se passa aqui; (...)*

Um duplo ponto de observação

Parece-me que ele pergunta o que está dentro do armário porque tudo o que se vê é tudo o que se controla. É a parte psicótica da mente a funcionar. No fundo, para ele

o que pode estar escondido no armário é a parte da mente dele que não quer comunicar com o terapeuta, aquela que encheu o gabinete de *graffitis* – transformação projectiva. Na realidade há um mistério, *misterium* quer dizer útero fechado. Há ali algo fechado para ele, algo que não se pode saber sobre. E naquilo que não se sabe há qualquer coisa de ameaçador.

Interveniente – Eu acho que é aquilo que ele já sabe que o assusta! O que está dentro do armário é qualquer coisa que está dentro do terapeuta e que ele quer ter.

Interveniente – Ele diz «colecções não são» (como na casa do pai). No fundo quer dizer que vamos criar aqui outra coisa.

A interpretação que foi agora proposta é um outro vértice da realidade, um vértice que permite considerar que o que está dentro do armário não é ameaçador, mas sim algo que contém uma parte boa do terapeuta; da má já ele sabe, a boa é que lhe é desconhecida. Tal como Bion referiu, existem diferentes formas de olhar para o mesmo problema e o rapaz pode estar à procura no desconhecido daquilo que ele não tem e está a começar a descobrir no terapeuta – a possibilidade de transformar, de digerir e assim diminuir a angústia.

Contudo, o vértice de observação que implica considerar a relação entre desconhecido e ameaçador é frequentemente activada em pessoas com per-

116 Teoria das Transformações

turbação da película do pensamento, porque não conseguem pensar no desconhecido-ausente. Ele quer tornar presente o desconhecido porque nada pode ser ausente, tudo tem que ser controlado, sejam ou não as partes boas do terapeuta. Mesmo o bom pode ser ameaçador se for ausente.

Continuação da Apresentação da terceira sessão (Parte VII)

T. – *(...) É como se pensasses: então, eu falo-te do que está à vista e tu falas-me do que está escondido cá por dentro? Não fazes como as outras pessoas que só ligam ao que eu mostro mas vais procurar dentro do meu armário? E sou só eu que mostro? E nas tuas prateleiras, o que é que há? Se calhar sentes isto como um bocadinho estranho...*

P. – *Eu acho um bocado estranho porque não sei o que posso dizer... Na primeira consulta pensei: será que me posso deitar naquela coisa? (Aponta para o divã.) Fiquei a pensar que era muito estranho: se calhar é melhor não me deitar porque ainda pensa que sou malcriado...*

Ser homossexual ou neo-sexual?

Mais uma vez uma equação simbólica: ele querer deitar-se ao pé de um homem (no divã) é equivalente a ser malcriado. Ele diz-se homossexual «entre aspas», é de não esquecer. Isto é a «lógica da batata».

Interveniente – Porque é que disse «homossexualidade entre aspas»?

Porque só há uma verdadeira homossexualidade, a neurótica. E depois há diversas formas de homossexualidade que são apenas neo-sexualidades. Tal como o delírio cria uma neo-realidade, muitas perturbações da sexualidade são novas sexualidades, novas realidades para ocuparem o lugar da realidade. A neo-sexualidade é aquilo que caracteriza a actividade mental do paciente. Suspeito que o paciente não é homossexual, suspeito que ele tenha uma patologia *borderline*, com perturbações da película do pensamento, com relações de dependência em relação ao objecto materno e sentimentos de *forclusão* em relação ao nome do pai. Ele tem um conjunto de actividade mentais que me fazem supor que a homossexualidade surge mais como uma expressão de uma organização *border* do que como uma expressão de uma organização neurótica que se faz sob o primado da organização da relação entre objectos de amor.

Grande parte das homossexualidades são habitualmente deste tipo, mesmo no adulto. Em primeiro lugar porque o objecto está sempre a mudar, logo o sujeito faz um ataque ao vínculo. São formas pseudovinculares e implicam a morte do outro. Por exemplo nos «quartos escuros», onde as pessoas se tocam sem se verem e até sem se conhecerem, mas também nos cinemas, balneários, etc.

Continuação da apresentação da terceira sessão (Parte VIII)

P. – (...) Mas costumam-se deitar ali pessoas nas consultas?

T. – Há umas consultas que são dadas ali, mas são consultas um bocadinho diferentes... Tu estás a fazer psicoterapia, ali é para fazer...

P. – Já sei: psiquiatria ou psicanálise; está escrito lá fora na porta.

T. – Sim, é psicanálise. Também é uma psicoterapia mas para situações um bocado diferentes da tua, e normalmente para adultos... No teu caso acho importante que nos possamos conhecer melhor assim...

P. – Eu sou um cusco!

T. – E se calhar também me vês como um cusco...É natural que te interrogues sobre o que se faz aqui, o que tenho dentro dos meus armários... E se depois afinal eu também for desorganizado e pouco civilizado como te queixas dos teus pais e do colégio? É bom que tentes perceber como é que eu arrumo as minhas prateleiras para perceberes como é que posso ajudar-te a arrumar as tuas...

P. – Lembrei-me que tenho de ir comprar umas coisas para o Carnaval... Vou pintar o meu cabelo de uma data de cores! E vou comprar «bombinhas de mau cheiro» para atirar ao meu maior inimigo! Vai ser a barracada total, e fica ele a ser mais gozado e eu mais popular! Vou fazer imensas partidas...

T. – Ficas contente e sentes-te reconhecido porque parece que as tuas coisas nojentas e estranhas vão sendo compreendidas e aceites... é como se fossem «bombinhas de mau cheiro» que deitas para fora de ti.

P. – A minha escola é uma seca: estão sempre a controlar os alunos, não deixam fazer nada: apreendem as coisas todas de Carnaval, até as latas de tinta para pintar o cabelo... Bombinhas e isso eu até compreendo, mas latas para o cabelo toda a gente leva, só que fica tudo escondido na casa de banho e depois saímos de lá pintados e já não podem fazer nada...

Conclusão: devolução de modo transformado

Através da análise das sessões deste paciente, foi possível exemplificar principalmente a transformação projectiva, a equação simbólica e também a lógica simétrica. Gostaria de finalizar comentando que o trabalho do terapeuta é muito bom. Ele está permanentemente numa relação transformativa. Tudo o que o paciente comunica é devolvido de modo transformado.